Liebeszauber

ALTE RITUALE, ZAUBERSPRÜCHE, FLÜCHE
UND MANIPULATIONEN FÜR DAS HERZ

VIANNE VALTAIR

Impressum:
Bibliografische Information der Deutschen Nationalbibliothek. Die
Deutsche Nationalbibliothek verzeichnet diese Publikation in der
Deutschen Nationalbibliografie; detaillierte bibliografische Daten
sind im Internet über http://dnb.d-nb.de abrufbar.
Veröffentlicht bei Infinity Gaze Studios AB
1. Auflage
März 2024
Alle Rechte vorbehalten
Copyright © 2024 Infinity Gaze Studios
Texte: © Copyright by Vianne Valtair
Cover & Buchsatz: Valmontbooks
Das Werk ist urheberrechtlich geschützt. Jede Verwertung
außerhalb des Urheberrechtsgesetzes ist ohne Zustimmung von
Infinity Gaze Studios AB unzulässig und wird strafrechtlich verfolgt.
Infinity Gaze Studios AB
Södra Vägen 37
829 60 Gnarp
Schweden
www.infinitygaze.com

ZUM PFADE DER MAGIE

EINE FÜHRUNG FÜR DIE WEISE
UND DIE WAGHALSIGE

Willkommen, Wanderin zwischen den Welten,
Suchende der alten Wege, Meisterin der verborgenen
Kräfte. Du hältst ein Werk in deinen Händen, das mehr
ist als bloßes Pergament und Tinte – es ist ein Schlüssel
zu den Tiefen deiner eigenen Macht und ein Spiegel der
unendlichen Facetten der Liebe.

Bevor du dich auf diese Reise begibst, sei dir bewusst:
Die Magie, die du hier erlernst, folgt nicht nur deinem
Willen, sondern auch den uralten Gesetzen von
Ursache und Wirkung. Jeder Zauber, jeder Fluch, jede
Beschwörung trägt die Samen ihrer eigenen
Konsequenzen. Wähle weise, denn das Gleichgewicht
der Natur duldet keine Leichtfertigkeit.

Die ersten Seiten dieses Buches sind den zarten
Flüstern des Herzens gewidmet – Zaubern, die Liebe
anlocken, Herzen verbinden und verlorene Seelen
wieder vereinen. Sie sind wie der sanfte Morgenwind,
der über ein ruhiges Gewässer streicht, dessen Kraft in
seiner Sanftheit liegt.
Doch mit jedem Kapitel, das du umblätterst, wirst du
tiefer in die Strömungen der Magie gezogen. Du wirst
lernen, Bindungen zu verstärken, Entscheidungen zu
beeinflussen und Hindernisse zu überwinden. Die
Magie wird stärker, fordernder, und mit ihr wächst auch
die Verantwortung, die du trägst.

DURCH DUNKLE WÄLDER, ÜBER VERLASSENE PFADE – DER WEG DER FORTGESCHRITTENEN

Betrete die Schatten mit offenen Augen. Die fortgeschrittenen Zauber, die du hier findest, betreten das Reich der Manipulation, der Besessenheit und der Täuschung. Sie sind mächtig, verlockend und gefährlich. Lass dich nicht von der Dunkelheit verschlingen, die sie umgibt. Erinnere dich an die Kraft des Lichts, das in dir wohnt.

Am Ende dieses Weges liegen die ältesten und dunkelsten Zauber, gewoben aus den Schatten vergangener Zeiten. Sie sind ein Erbe, ein Beweis der Tiefe und Dunkelheit, zu der die menschliche Seele fähig ist. Betrachte sie als Warnung, als Lektion, nicht als Wegweiser.

Magie ist weder gut noch böse – sie ist eine Kraft, so alt
wie die Welt selbst, geformt durch den Willen
derjenigen, die sie wecken. Dein Herz, deine Absicht,
dein Gleichgewicht zwischen Licht und Dunkelheit
bestimmen den Pfad, den du beschreitest. Möge
Weisheit deine Schritte leiten, möge Liebe dein Herz
erfüllen, und möge die Macht, die du suchst, immer im
Einklang mit dem wahren Guten stehen.

Lied der Liebe: Zauber aus Urväter Zeit

Begib dich nun, Leser, auf die Pfade alter Weisheit, wo in stillen Nächten und unter dem silbernen Schein des Mondes die Lieder der Liebe gewoben wurden. Hier, in den ersten Blättern dieses Buches, findest du die Echos jener Tage, als die Magie noch jung war und die Herzen durch einfache, doch kraftvolle Sprüche verbunden wurden. Diese Seiten bergen die Kunst, das Herz zu lenken und die Seele sanft zum Echo wahrer Liebe zu führen. Mit jedem Wort, das du hier liest, trittst du tiefer in den Kreis der Alten, deren Zauber die Zeit überdauert hat.

NOTIZEN

Das Band der Zuneigung

„Bei Mondschein und Sternenlicht,
sammle ich Tau von Blättern sacht.
Mit Rosenblüten, rot und dicht,
wird der Trank der Liebe vollbracht.

Nimm dieses Band, durchwirkt mit Haar,
von deinem Liebsten, nah und fern.
Dreimal umwickelt, wahr und klar,
besiegelt es die Liebe, ach so gern.

Sprich die Worte leis und sacht:
‚Durch Band und Blut, durch Nacht und Macht,
finden unsere Herzen zueinander in dieser Nacht.'
So sei es, durch Liebeskraft erwacht."

NOTIZEN

Spiegel der Sehnsucht

„In stiller Stund', bei Kerzenschein,
vor einem Spiegel, groß und rein.
Blicke tief in dein eigen Bild,
und denke an den, dessen Herz du füllst.

Mit einer Nadel, klein und fein,
ritze den Namen deines Liebsten ein.
In Apfelhaut, so rot und glatt,
ein Zeichen der Liebe, das Bestand nun hat.

Halte den Apfel, dreh ihn dreimal rund,
und sprich: ‚Durch diesen Bund,
fühle die Sehnsucht, tief und schwer,
komm zu mir, ich verlang' nach dir sehr.'

Lass den Apfel dann im Freien,
unter dem Mond, der wird es verzeihen.
Bis zum Morgen, im ersten Licht,
wirkt der Zauber, versäum' es nicht.“

NOTIZEN

Das Lied der Anziehung

„Nimm eine Feder, leicht und fein,
tauche sie in Tinte, schwarz wie Ebenholz sein.
Auf ein Blatt, weiß und breit,
schreibe Worte der Zuneigung, frei von Leid.

‚Durch das Lied, das ich nun sing',
ziehe ich dich zu mir, ohn' Unterlass.
Mein Herz zu deinem, es kling',
vereint im Tanz, im grünen Gras.'

Verbrenne das Blatt, lass es zu Asche werden,
im Feuerschein, unter den Sternen der Erden.
Die Asche verstreue in den Wind,
so findet die Liebe, geschwind."

NOTIZEN

Trank der Wahrhaftigkeit

„In der Stund' vor Mitternacht,
braue den Trank mit Bedacht.
Wurzel von Eibisch, in Mondenschein gewachsen,
mit Honig gemischt, zu süßen den Rachen.

Ein Blatt von der Linde, für Treue bekannt,
und ein Tropfen Blut, von deiner Hand.
Rühre dreimal, denk an deine Liebste Pein,
trinke den Trank, und wahr wird es sein.

Sprich: ‚Durch Wurzel und Blatt, durch Blut und
durch Honig,
erkenne meine Wahrheit, so klar und so sonnig.
Mein Herz, offen und rein,
möge es binden das deine, in Ewigkeit sein.'"

NOTIZEN

Kreis der Vereinigung

„Unter dem Vollmond, klar und hell,
zeichne einen Kreis, mit einer Feder schnell.
In dessen Mitte, ein Feuer entfacht,
für die Zeremonie in dieser Nacht.

Nimm zwei Kerzen, weiß und unberührt,
stelle sie im Kreise, dass nichts die Harmonie stört.
Eine für dich, eine für den, den du begehrst,
durch das Feuer, wird der Wunsch verstärkt.

Sprich: ‚Durch Feuer und Flamme, durch Wind
und durch Welle,
vereine unsere Seelen, ohne eine Schwelle.
Was getrennt war, sei nun vereint,
durch diesen Zauber, unser Schicksal geeint.‘

Lasse die Kerzen brennen nieder,
bis ihre Flammen vereinen sich wieder.
So wird der Zauber wirken, sacht und fein,
eure Herzen verbunden, für immer sein.“

Notizen

Brief des Begehrens

„Bei Neumondnacht, so dunkel und klar,
schreibe einen Brief, mit deinem Haar.
Flechte es ein, in das Siegel aus Wachs,
ein Symbol der Liebe, frei von jeglichem Flachs.

Auf das Papier, mit Tinte so schwarz,
deine Worte des Begehrens, stark und krass.
,Mein Herz zu deinem, in Liebe entflammt,
durch diesen Brief, mein Begehren bekundet, ungehemmt.'

Vergrabe den Brief, unter einem Baum,
dessen Wurzeln tief reichen,
in des Erdbodens Raum.
Sprich: ,Durch Wurzel und Erde,
durch Siegel und Brief,
erreiche mein Begehren,
bringe mir Linderung und Lief.'

Warte bis zum ersten Licht,
der Morgen danach, zeigt dir das Gewicht.
Deines Zaubers Kraft, so mächtig und groß,
bringt zusammen, was einst war los."

NOTIZEN

Duft der Anziehung

„Bei Dämmerung, wenn Schatten fallen lang,
bereite einen Duft, süß und mit leichtem Klang.
Lavendel für Ruhe, Rose für die Leidenschaft,
Vanille für Süße, in der Luft nun schafft.

Mische diese Essenzen in einem kleinen Topf,
erwärme sie sanft, steigere nicht den Kropf.
Trage diesen Duft, auf deiner Haut so rein,
gehe zum Geliebten, im Mondenschein.

Sprich leise: ‚Durch Duft, der in der Luft weht,
durch Herz, das nun vor dir steht,
ziehe ich dich an, zu mir, ganz nah,
so sei es jetzt, das ist wahr.'

So der Duft die Sinne berührt,
wird die Anziehungskraft ungestürt,
dein Geliebter wird fühlen die Bindung,
erfüllt von tiefer Empfindung.“

NOTIZEN

Knoten der Verbindung

„Nimm drei Stränge Wolle, in Farben der Liebe:
Rot, Weiß, und Grün,
flechte sie zusammen, in Gedanken an ihn.
Jeden Knoten, den du machst, fest und klar,
verbinde deine Wünsche, für das Paar.

Bei jedem Knoten, sprich deine Bitte aus,
für Liebe, Treue, ein gemeinsames Haus.
,Durch diesen Knoten, verbinde ich,
unsere Seelen, ewiglich.'

Trage den geflochtenen Strang,
unter deinem Kleid,
nahe dem Herzen, in Bereitschaft und Leid.
Die Magie der Knoten, stark und fein,
wird eure Herzen verbinden, in Sonnenschein."

NOTIZEN

Asche zu Asche, Herz zu Herz

„Sammle die Blätter, die im Herbst fallen,
von einem Baum, wo Vögel des Glücks schallen.
Verbrenne sie zu Asche, in einer stillen Nacht,
denk an deinen Liebsten, mit aller Macht.

Mische die Asche mit Weihwasser klar,
zeichne ein Herz, auf deiner Schwelle, nicht spar.
Im Zentrum des Herzens, lege einen Stein,
geweiht in Liebe, soll er Zeuge sein.

Sprich: ‚Asche zu Asche, Staub zu Staub,
mein Herz zu deinem, glaub.
Durch diese Schwelle, tritt herein,
lass unsere Seelen vereint sein.‘

Mit jedem Schritt, der über die Schwelle führt,
die Magie des Herzens berührt und ziert,
die Bindung stärken, in jedem Moment,
Liebe wachsen, ewiglich, ohne End.“

NOTIZEN

Der Traumfänger der Liebe

„Geflochten aus Weiden, ein Kranz so rund,
umfange ihn mit Seiden, in einer stillen Stund'.
Flechte hinein Träume von Liebe und Glück,
jeder Knoten ein Wunsch, Stück für Stück.

„Hänge den Traumfänger über dein Bett,
dass er fange die Träume,
ohne Zögerung und Trett.
Im Schlaf geflüstert, Wünsche so rein,
mögen sie wahr werden, im Mondenschein."

So der Traumfänger hält, Nacht für Nacht,
deine Träume von Liebe, zart bewacht.
Bis der Tag kommt, und mit ihm derjenige,
der deine Träume erfüllt, in Liebe, ohne Kriege."

NOTIZEN

Der Ruf des Herzens

„Unter dem Sternenzelt, klar und weit,

nimm eine Feder, die der Wind bereit.

Schreibe auf ein Blatt, aus Pergament,

deines Herzens Ruf, so wohl bekannt.

„Herz zu Herz, mein Ruf so klar,

finde den Weg, sei es wahr.

Durch Wind und Weite, finde zu mir,

mein Ruf, mein Herz, ich sende es dir.“

Verbrenne das Blatt, im Feuer der Nacht,

dass der Rauch deinen Ruf in die Weiten bracht.

Die Asche verstreut, im Wind so frei,

dein Herzruf findet den Weg, sei dabei.“

NOTIZEN

Pfad der Seelen

„Nimm zwei Kerzen, eine für dich,
eine für den Geliebten,
verbinde sie mit einem Band, nicht zu überhübten.
Zünde die Kerzen an, bei Einbruch der Nacht,
dass ihr Licht leuchte, mit sanfter Macht.

„Pfad der Seelen, Licht zu Licht,
führe uns zusammen, im Angesicht.
Durch die Dunkelheit, zeige den Weg,
unsere Seelen vereint, in jedem Zuge."

Lasst die Kerzen brennen, bis sie sich vereinen,
ihr Licht ein Zeichen, das die Seelen eint,
ohne Peinen.
So wird der Pfad geöffnet, Herz zu Herz,
geführt durch Licht, gemildert jeder Schmerz."

NOTIZEN

Der Kelch der Versprechen

„Fülle einen Kelch mit Wasser
aus einem klaren Bach,
unter dem Licht des Vollmonds,
achte auf jede Sach'.
Löse darin Zucker, süß wie deine Worte sein,
und Blütenblätter, für die Schönheit, rein.

„Trinke aus dem Kelch, denk an deinen Liebsten,
sprich dein Versprechen, lass es sein den List'en.
,Durch dieses Wasser, rein und klar,
bind' ich mein Versprechen, wahr und bar.'

So das Wasser fließt, in dir, durch dich,
wird auch die Liebe fließen, stetig und ewiglich.
Dein Versprechen gehalten, in jeder Stund',
vereint durch das Wasser, gesund."

NOTIZEN

Das Siegel der Zuneigung

„Nimm ein Stück rotes Wachs,

für Leidenschaft und Macht,

und ein kleines Stück Papier,

gedacht für die Nacht.

Schreibe darauf den Namen deines Herzenswunsch,

und presse das Wachs darauf,

in einer Rund' ganz bunt.

„Das Siegel gebrochen, nur von dem einen,

dessen Name darauf, durch die Zeilen,

wird fühlen die Zuneigung, stark und klar,

gezogen zu dir, aus der Ferne, wahr."

Dieses Siegel, ein Symbol der Hoffnung, so fein,

möge es bringen die Herzen zusammen,

nicht allein.

Bewahre es sicher, bei dir, nahe dem Herzen,

bis der Tag kommt, erfüllt von Scherzen."

NOTIZEN

Der Ring der Verbindung

„Wähle einen Ring, aus Silber fein,
lass ihn segnen im Mondschein.
Unter einem Himmelszelt so klar,
flüster hinein deinen Wunsch, wunderbar.

„Ring der Verbindung, stark und rein,
führe zusammen, was soll sein.
Durch deine Kraft, so alt und weise,
vereine die Herzen, auf diese Weise.“

Trage den Ring, bei Tag und Nacht,
bis deine Liebe wird vollbracht.
Der Ring ein Zeichen, ewig und wahr,
verbindet, was einst getrennt war.“

NOTIZEN

Der Garten der Versprechen

„Pflanze in deinem Garten, mit sorgender Hand,
Blumen und Kräuter, aus jedem Land.
Jede Pflanze, ein Versprechen der Liebe,
wachse und gedeihe, in reicher Triebe.

„Lavendel für Ruhe, Rose für Leidenschaft,
Thymian für Mut, in jeder Schlacht.
Sprich zu ihnen, bei Sonnenauf- und Untergang,
deine Worte der Liebe, ihr Wachstum entlang.

So wie der Garten blüht, in Farben so klar,
so blühe auch die Liebe, Jahr für Jahr.
Ein Ort der Versprechen, gehalten so rein,
möge er Zeuge sein, der Liebe Schein.“

NOTIZEN

Das Band der Hoffnung

„Nimm ein Band, in Farbe der Nacht,
flechte hinein deine Hoffnungen, mit Bedacht.
Jeder Knoten, ein Wunsch, so zart,
gebunden an die Zukunft, mit Hingabe gestart.

„Bei Neumond, unter freiem Himmel,
binde das Band, um einen alten Zimbel.
Dreimal umrunden, fest und sicher,
deine Hoffnungen nun gebunden, immer munter.

Sprich: ‚Durch dieses Band, so fest und klar,
sende ich meine Hoffnungen, nah und dar.
Möge die Liebe finden, ihren Weg zu mir,
durch dieses Band, öffne ich die Tür.‘"

NOTIZEN

Der Spiegel der Seelen

„Halte einen Spiegel, in der Mitternachtsstund',
suche darin deines Herzens tiefsten Grund.
Sprich deinen Wunsch, leise hinein,
im Spiegel soll sich zeigen, der Liebste rein.

„Spiegel der Seelen, tief und weit,
zeige die Liebe, bereit in dieser Zeit.
Durch deine Macht, so alt und klar,
bringe zusammen, was getrennt war."

Bewahre den Spiegel, an einem Ort so rein,
er wird ein Wächter deiner Liebe sein.
Reflektiert das Licht, der Liebe so hell,
führt zusammen, was gehört zusammen, schnell."

NOTIZEN

Die Kerze der Einheit

„Wähle eine Kerze, groß und weiß,
für Reinheit und Liebe, ohne Preis.
Schnitze in ihr Namen, tief und klar,
deinen und deines Liebsten, ein Paar.

„Bei Vollmondlicht, zünde sie an,
lass sie brennen, so lang sie kann.
Der Wachs, der tropft, Formen mag bilden,
deine Zukunft mit Liebe, sie werden schildern.

Sprich: „Kerze der Einheit, brenne hell,
führe zusammen, was ich wähl'.
Durch dein Licht, so warm und klar,
vereine die Herzen, jetzt und dar."

Diese Zauber, gewoben aus Worten so alt,
sollen bringen die Liebe, schnell und bald.
In deinem Buch mögen sie sein,
Bringer der Hoffnung, in Sonnenschein und Pein.

NOTIZEN

Die Flüsternacht

„In der stillsten Stunde der Nacht,
wenn der Mond über die Träume wacht,
flüster deinen Wunsch in einen Kristall so klar,
der Liebe Botschaft, wunderbar.

„Durch die Stille, durch die Nacht,
trage fort mein Herz, mit aller Macht.
Zum Geliebten, meinem Wunsch so nah,
dass er spüre, was da war."

Leg den Kristall unter dein Kissen,
lass die Magie nicht vermissen.
Im Traum wird die Botschaft getragen,
zum Herzen, das du magst, ohne Fragen."

NOTIZEN

Das Gewässer der Gefühle

„Suche einen Bach, der klar und rein,

lass hineinfallen einen Edelstein.

Der Stein, getragen in deiner Hand,

verbindet dich mit dem Geliebten, im fernen Land.

„Wasser fließe, Stein so klar,

trage meine Liebe, offenbar.

Durch Strom und Fluss, zum Herzen hin,

erwecke die Gefühle, die ich gewinn.“

Das Wasser, es trägt, es fließt und eilt,

bis die Liebe das Ziel erreicht,

und das Herz des Geliebten, weich und warm,

erwidert deine Liebe, ohne Alarm.“

NOTIZEN

Die Brücke der Wünsche

„Nimm ein Blatt, so grün und breit,
schreibe darauf in der Einsamkeit.
Deinen Wunsch, so tief und echt,
eine Brücke der Wünsche, recht perfekt.

„Blatt, trage meinen Wunsch, so weit,
über Berge und Täler, durch die Zeit.
Zum Herzen, das ich ersehne, so sehr,
baue eine Brücke, das Meer quer.“

Lass das Blatt im Wind davontragen,
es wird den Wunsch zu deinem Geliebten sagen.
Eine unsichtbare Brücke entsteht,
die über alle Hindernisse geht.“

NOTIZEN

Der Sternenpfad

„Wähle eine klare Nacht, ohne Wolken,

ohne Schatten,

zeichne im Sand einen Pfad,

von Sternen umwoben, matt.

Jeder Schritt, den du darauf machst,

ein Wunsch, der in den Himmel wächst.

„Sterne oben, leuchtet hell,

zeigt den Weg, macht ihn schnell.

Führt mein Herz zum Geliebten hin,

auf dem Pfad, den ich beginn.“

Geh den Pfad entlang, mit Hoffnung im Herzen,

die Sterne leuchten, mindern die Schmerzen.

Der Himmel verbindet, weit und breit,

deine Liebe, durch Raum und Zeit.“

NOTIZEN

Das Lied der Herzen

„Nimm eine Laute, sanft und fein,
spiel darauf bei Mondschein.
Ein Lied der Liebe, zart und klar,
für den Geliebten, der dir ist so wahr.

„Mein Lied fliege, durch die Nacht,
finde den, der mich glücklich macht.
Durch Melodie und sanften Klang,
verbinde uns, ein Leben lang."

Das Lied, es trägt deine Sehnsucht weit,
durch die Nacht, in die Ewigkeit.
Es erreicht das Ohr, das Herz, so rein,
die Liebe wird erwidert sein."

Das Entfachen neuer Liebe

DAS ENTFACHEN NEUER LIEBE

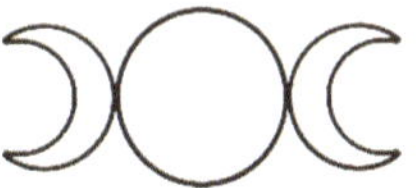

GESÄNGE DES ERWACHENS
RUF DER ERSTEN SEHNSUCHT

In diesem Abschnitt wandeln wir auf den Pfaden der Morgendämmerung, wo die Sehnsucht erwacht und das Herz nach Gefährtschaft ruft.
Hier findest du die Zauber, die das Feuer der neuen Liebe entzünden, sanft wie der erste Sonnenstrahl, der die Dunkelheit vertreibt.

NOTIZEN

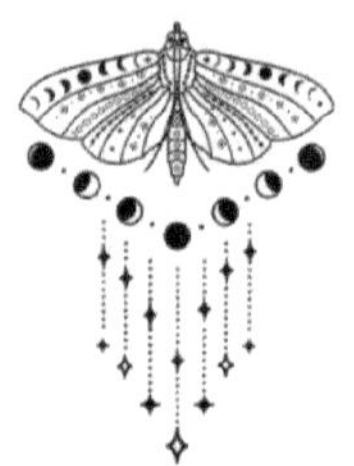

Der Liebesbrief an das Universum

Reagenzien:
- ☽ Ein Stück schönes Papier
- ☽ Ein Stift mit roter Tinte
- ☽ Ein paar Rosenblätter
- ☽ Eine Kerze (vorzugsweise rot oder rosa)

Durchführung:
- ☽ Schreibe auf das Papier einen Brief an das Universum, in dem du deine Wünsche für eine neue Liebe ausdrückst. Sei so spezifisch wie möglich in Bezug auf die Eigenschaften, die du in einem Partner suchst.
- ☽ Falte das Papier sorgfältig zusammen und lege es auf einen Teller.
- ☽ Streue die Rosenblätter über und um das Papier.
- ☽ Zünde die Kerze an und platziere sie neben dem Teller, als Symbol für die Entfachung der Liebe.
- ☽ Während die Kerze brennt, meditiere über deine Wünsche und stelle dir vor, wie sie Wirklichkeit werden.
- ☽ Sobald die Kerze heruntergebrannt ist, vergrabe das Papier und die Rosenblätter an einem besonderen Ort, um deine Absichten freizusetzen.

NOTIZEN

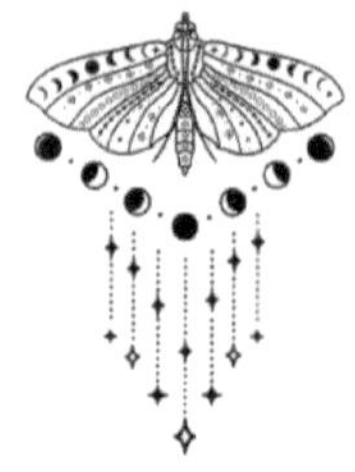

Das Liebestrunk-Ritual

Reagenzien:
- Ein Glas frisches Quellwasser
- Honig
- Zimt
- Eine frische Vanilleschote
- Ein kleiner Rosenquarz

Durchführung:
- Mische im Glas Wasser einen Löffel Honig, eine Prise Zimt und das Mark der Vanilleschote. Rühre die Mischung gut um, während du an deine Absichten denkst.
- Halte den Rosenquarz in deiner Hand und konzentriere dich auf deine Wünsche für neue Liebe.
- Leg den Rosenquarz ins Glas und lasse ihn über Nacht im Mondschein stehen, um die Mischung mit Liebesenergie aufzuladen.
- Am nächsten Morgen, entferne den Rosenquarz und trinke den Liebestrunk auf nüchternen Magen.
- Trage den Rosenquarz bei dir, um die Liebe anzuziehen.

NOTIZEN

Der Wegbereiter für Liebe

Reagenzien:
- Eine kleine Schachtel oder ein Beutel
- Drei Münzen
- Lavendel für Ruhe und Anziehung
- Ein Schlüssel (symbolisch für das Öffnen neuer Türen)
- Ein Stück Bergkristall

Durchführung:
- Lege die Münzen, etwas Lavendel, den Schlüssel und den Bergkristall in die Schachtel oder den Beutel.
- Halte die Schachtel oder den Beutel in deinen Händen und stelle dir vor, wie jede Zutat dabei hilft, den Weg für neue Liebe zu ebnen.
- Sprich laut aus: „Ich öffne mein Herz für neue Wege, neue Liebe kommt zu mir, frei und ungezwungen. So sei es!"
- Trage den Beutel oder die Schachtel bei dir oder bewahre sie an einem sicheren Ort auf, wo du regelmäßig vorbeikommst.
- Öffne die Schachtel oder den Beutel jeden Neumond, um die Intention zu erneuern und die Zutaten zu energetisieren.

ZAUBER ZUR VERTIEFUNG DER BINDUNG

GEFLECHT DER SEELEN
WEBEN TIEFERER BANDE

Folge dem Ruf der tief verwurzelten Liebe, wo die Bindung zwischen den Herzen gestärkt und die Verbindung unerschütterlich gemacht wird. In diesen Sprüchen liegt das Geheimnis, wie aus Funken eine lodernde Flamme wird.

NOTIZEN

Der Harmonie-Kristall

Reagenzien:
- Zwei kleine Rosenquarze
- Ein weißes Band
- Lavendelöl

Durchführung:
- Reibt jeden Rosenquarz mit ein paar Tropfen Lavendelöl ein, während ihr an eure Liebe und die Momente der Harmonie denkt.
- Bindet die Rosenquarze mit dem weißen Band zusammen, während ihr jeweils eine Absicht für die Beziehung aussprecht. Zum Beispiel: "Möge unsere Liebe mit jeder Berührung stärker werden."
- Vergräbt die zusammengebundenen Rosenquarze an einem Ort, der für eure Beziehung besonders ist, oder bewahrt sie in eurem Schlafzimmer auf, um die harmonische Verbindung zu nähren.

NOTIZEN

Das Teilen des Liebesgetränks

Reagenzien:
- ☽ *Ein Apfel*
- ☽ *Honig*
- ☽ *Zimt*
- ☽ *Zwei Tassen mit Tee (vorzugsweise Kräutertee, der Entspannung fördert, wie Kamillentee)*

Durchführung:
- ☽ *Schneidet den Apfel in zwei Hälften und bestreut jede Hälfte mit Zimt und ein wenig Honig, als Symbole für Süße und Wärme in eurer Beziehung.*
- ☽ *Bereitet zwei Tassen des Tees zu und lasst jeweils ein Stück des gewürzten Apfels in den Tee fallen.*
- ☽ *Teilt das Liebesgetränk miteinander, während ihr über eure Hoffnungen und Träume für die Zukunft spricht.*
- ☽ *Beendet das Ritual mit einer Umarmung oder einem Kuss, um die Verbindung zu besiegeln.*

NOTIZEN

Der Pfad der Verbindung

Reagenzien:
- ☽ Ein langes Band oder Seil (vorzugsweise in Rot, der Farbe der Liebe)
- ☽ Eine Schere
- ☽ Ein kleines Notizbuch oder Papierstücke
- ☽ Ein Stift

Durchführung:
- ☽ Schneidet das Band in Stücke, die lang genug sind, um zwei Handgelenke zusammenzubinden.
- ☽ Auf einem Stück Papier oder im Notizbuch, schreibt jeder von euch seine tiefsten Wünsche für die Beziehung auf.
- ☽ Lest eure Wünsche nacheinander vor und bindet dann eure Handgelenke mit einem Stück des Bandes zusammen, als Symbol dafür, dass ihr auf eurem gemeinsamen Weg verbunden seid.
- ☽ Bewahrt das Notizbuch oder die Papierstücke an einem sicheren Ort auf, wo ihr sie regelmäßig als Erinnerung an eure Absichten und Wünsche für die Beziehung lesen könnt.
- ☽ Löst das Band, wenn ihr fühlt, dass die Wünsche in die Realität übergegangen sind oder wenn ihr ein neues Ritual durchführen möchtet, um eure Bindung zu erneuern.

ZAUBER FÜR VERGEBUNG UND HEILUNG

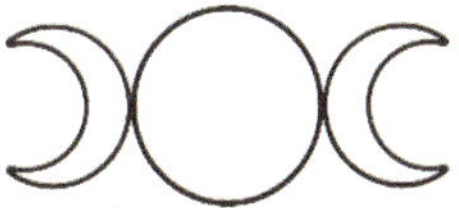

BALSAM DER VERGESSENEN WUNDEN: PFADE DER HEILUNG UND GNADE

Hier öffnet sich ein heiliger Raum, in dem Verletzungen geheilt und Missverständnisse geklärt werden. Diese Zauber dienen als Balsam für die Seele, um Vergebung zu erbitten und zu gewähren, sodass die Liebe erneut in Reinheit blühen kann.

NOTIZEN

Das Ritual des Loslassens

Reagenzien:
- Ein kleines Stück Papier
- Ein Stift
- Eine feuerfeste Schale
- Lavendel oder Salbei

Durchführung:
- Schreibt jeweils auf ein Stück Papier, was ihr bereit seid, loszulassen: alte Verletzungen, Missverständnisse oder Groll.
- Besprecht gemeinsam, was ihr geschrieben habt, und drückt eure Bereitschaft aus, zu vergeben und vorwärts zu schauen.
- Verbrennt die Papiere in der feuerfesten Schale, während ihr Lavendel oder Salbei für Reinigung und Heilung hinzufügt.
- Während die Papiere verbrennen, haltet Hände und visualisiert, wie die negativen Energien freigesetzt werden und eure Beziehung durch Vergebung gestärkt wird.

NOTIZEN

Der Heilende Herztrank

Reagenzien:
- *Zwei Kristalle (Rosenquarz oder grüner Aventurin) für Liebe und Heilung*
- *Frisches Quellwasser*
- *Honig*
- *Ein Bund frische Minze*

Durchführung:
- *Füllt ein Glas mit frischem Quellwasser und löst darin einen Teelöffel Honig auf, während ihr an die Süße der Vergebung denkt.*
- *Gebt Minze hinzu als Symbol für Erneuerung und Heilung.*
- *Legt die Kristalle neben das Glas, um die Energie des Tranks zu verstärken.*
- *Teilt den Trank, während ihr über eure Hoffnungen auf Heilung und einen Neubeginn sprecht. Jeder hält dabei einen der Kristalle.*
- *Bewahrt die Kristalle als Erinnerung daran, stets mit offenem Herzen und Vergebung voranzugehen.*

Notizen

Das Band der Vergebung

Reagenzien:
- Ein weißes Band, lang genug, um zwei Handgelenke zu verbinden
- Ätherisches Öl von Rosengeranie für emotionale Heilung und Vergebung
- Eine Kerze

Durchführung:
- Träufelt einige Tropfen des ätherischen Öls auf das weiße Band und haltet es gemeinsam fest.
- Zündet die Kerze an und visualisiert, wie ihr Licht Klarheit und Wärme in eure Herzen bringt.
- Bindet das Band um eure verbundenen Handgelenke, während ihr aussprecht, was ihr einander vergeben möchtet.
- Lasst die Kerze in einem sicheren Bereich abbrennen. Sobald die Kerze niedergebrannt ist, löst das Band als Zeichen dafür, dass ihr bereit seid, loszulassen und euch erneut zu verbinden.
- Bewahrt das Band an einem besonderen Ort auf oder vergräbt es als Symbol für die begrabene Vergangenheit und den Neubeginn.

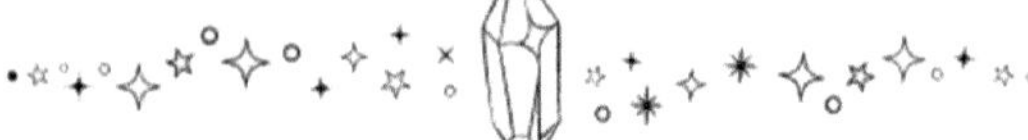

ZAUBER ZUR STEIGERUNG DER LEIDENSCHAFT

FEUER DES BEGEHRENS
GLUT, DIE NIE ERLISCHT

Entdecke die alten Rituale, um die Flammen der
Leidenschaft und des Verlangens zu nähren.
Diese Zauber wecken die tiefsten Sehnsüchte und
entfachen ein Feuer, das durch keine Stürme gelöscht
werden kann.

NOTIZEN

Das Feuer der Anziehung

Reagenzien:
- *Zwei rote Kerzen, symbolisch für Leidenschaft und Liebe*
- *Ein Stück roter Jaspis oder ein anderer Stein, der mit Leidenschaft assoziiert wird*
- *Zimtstangen, für Wärme und Anziehung*
- *Orangenblüten oder -öl, für Freude und Verführung*

Durchführung:
- *Arrangiert die roten Kerzen und den roten Jaspis auf einem Altar oder einem sicheren Platz.*
- *Legt die Zimtstangen zwischen die Kerzen und träufelt einige Tropfen Orangenblütenöl auf den Jaspis.*
- *Zündet die Kerzen an und visualisiert, wie das Feuer eure sinnliche und emotionale Verbindung intensiviert.*
- *Während die Kerzen brennen, haltet gemeinsam den Jaspis und teilt eure tiefsten sinnlichen Wünsche miteinander.*
- *Lasst die Kerzen vollständig abbrennen (in sicherer Umgebung), um die freigesetzte Energie zu verankern.*

NOTIZEN

Das Bad der sinnlichen Vereinigung

Reagenzien:

- Rosenblüten, symbolisch für Liebe und Verführung
- Ätherisches Ylang-Ylang-Öl, für seine aphrodisierenden Eigenschaften
- Ein gemeinsames Bad
- Kerzenlicht, um eine romantische Atmosphäre zu schaffen

Durchführung:

- Bereitet ein warmes Bad vor und streut Rosenblüten im Wasser aus.
- Gebt einige Tropfen Ylang-Ylang-Öl ins Badewasser, um die Sinne zu stimulieren und die Atmosphäre mit Leidenschaft zu füllen.
- Bei Kerzenlicht gemeinsam in das Bad steigen, um die sinnliche Energie und die Nähe zueinander zu fördern.
- Nutzt diese intime Zeit, um einander eure Liebe und Begierde auszudrücken, während ihr im Wasser entspannt.

NOTIZEN

Der Tanz der Verführung

Reagenzien:
- Eine Playlist mit Musik, die euch beide emotional und sinnlich anspricht
- Eine Feder oder ein anderes sanftes Berührungselement
- Dunkle Schokolade, als Aphrodisiakum
- Ein Tuch aus Seide oder einem anderen sinnlichen Material

Durchführung:
- Schafft eine verführerische Atmosphäre, indem ihr dimmbares Licht wählt und die Musik abspielt.
- Verbindet einem Partner die Augen mit dem Seidentuch und nutzt die Feder, um sanfte, verführerische Berührungen zu erkunden.
- Wechselt euch mit den Rollen ab und experimentiert mit verschiedenen Berührungen und Küssen.
- Genießt zusammen die dunkle Schokolade, um den Geschmackssinn zu stimulieren und die sinnliche Erfahrung zu vertiefen.

ZAUBER FÜR TREUE UND BESTÄNDIGKEIT

EID DER UNVERBRÜCHLICHEN SÄULEN DER TREUE

In diesen Worten liegt die Kraft, Treue zu festigen und
die Bindung gegen die Wirren der Zeit zu schützen.
Sie sind wie ein unsichtbares Band, das Herzen auch in
der Ferne vereint hält.

NOTIZEN

Der Knoten der Beständigkeit

Reagenzien:

- Ein langes Band in Blau für Treue oder Grün für Wachstum
- Zwei kleine Zweige von einem Efeu, als Symbol für Beständigkeit und ewige Verbundenheit
- Ein kleiner Beutel oder eine Schachtel

Durchführung:

- Legt die Efeuzweige kreuzweise übereinander.
- Bindet das Band um die Mitte der Zweige und knüpft dabei neun Knoten. Bei jedem Knoten sprecht ihr eine Intention für Beständigkeit, Treue und gegenseitiges Vertrauen in eurer Beziehung aus.
- Legt die verknoteten Zweige in den Beutel oder die Schachtel und bewahrt sie an einem gemeinsamen Ort auf, um die Energie der Treue in eurem Zuhause zu verankern.

NOTIZEN

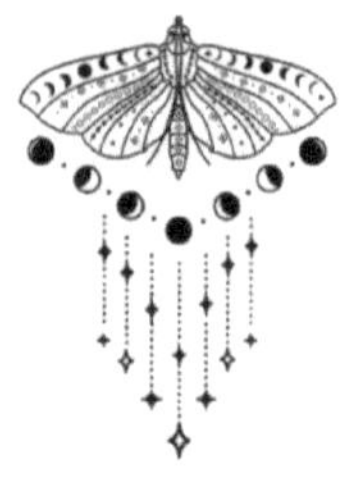

Der Kreis der Vertrauenssteine

Reagenzien:
- *Zwei kleine Türkissteine, bekannt für ihre schützenden und treuefördernden Eigenschaften*
- *Ein weißes Tuch*
- *Lavendelöl für Reinigung und Schutz*

Durchführung:
- *Träufelt ein wenig Lavendelöl auf die Türkissteine, während ihr über eure Wünsche für eine treue und beständige Beziehung nachdenkt.*
- *Legt die Steine auf das weiße Tuch und bindet es zu einem Beutel zusammen.*
- *Haltet den Beutel gemeinsam und visualisiert, wie eure Beziehung durch gegenseitiges Vertrauen und tiefe Verbundenheit gestärkt wird.*
- *Vergräbt den Beutel unter einem Baum oder bewahrt ihn in eurem Schlafzimmer auf, um die Atmosphäre mit Energien der Treue und des Schutzes zu erfüllen.*

NOTIZEN

Das Elixier der ewigen Bindung

Reagenzien:

- Eine Flasche mit reinem Quellwasser
- Rosenblüten, für Liebe und Hingabe
- Ein Amethyst, für spirituelle Verbundenheit und Schutz vor negativen Energien
- Ein Stück Bernstein, um negative Emotionen wie Eifersucht zu absorbieren

Durchführung:

- Füllt die Flasche mit Quellwasser und gebt die Rosenblüten hinein.
- Legt den Amethyst und den Bernstein in die Flasche, um die Bindung zu stärken und zu schützen.
- Lasst die Flasche für eine Nacht im Mondschein stehen, um sie mit positiver Energie aufzuladen.
- Am nächsten Tag, nehmt jeweils einen Schluck aus der Flasche, während ihr eure Liebe und Hingabe zueinander bekräftigt.
- Bewahrt die Steine als Symbole eurer ewigen Bindung und Treue zueinander auf.

Zauber zur Überwindung von Hindernissen

Schlüssel der Befreiung: Durchbrechen der Schranken

Hier werden die Geheimnisse gelüftet, um Barrieren zu überwinden und Wege zu ebnen, damit die Liebe ungehindert fließen kann. Diese Zauber sind der Schlüssel, um Hindernisse zu beseitigen, die sich den Herzen in den Weg stellen.

NOTIZEN

Der Wegöffner

Reagenzien:

- Eine offene Straße oder Weg-Kerze (oder eine einfache weiße Kerze, falls nicht verfügbar)
- Ein Stück Papier und ein Stift
- Lorbeerblätter für Erfolg und Überwindung von Hindernissen
- Eine kleine Schale oder Teller

Durchführung:

- Schreibt auf das Papier konkret, welches Hindernis in eurer Beziehung überwunden werden soll.
- Legt das Papier unter die Schale oder den Teller.
- Platziert die Kerze auf dem Teller und umgebt sie mit Lorbeerblättern.
- Zündet die Kerze an, während ihr euch gemeinsam auf die Überwindung des Hindernisses konzentriert und visualisiert, wie der Weg für eure Liebe frei wird.
- Lasst die Kerze sicher abbrennen. Vergrabt oder bewahrt das Papier anschließend an einem besonderen Ort auf, als Symbol dafür, dass das Hindernis aus eurem Weg geräumt ist.

Notizen

Die Brücke der Verbindung

Reagenzien:
- *Zwei kleine Figuren oder Symbole, die euch beide repräsentieren*
- *Ein Bündel Bindfäden oder ein langes Stück Schnur*
- *Ein kleiner Spiegel*
- *Einige Blütenblätter von Rosen*

Durchführung:
- *Legt die Figuren oder Symbole an gegenüberliegenden Enden des Spiegels ab, als wären sie durch ein Hindernis getrennt.*
- *Verbindet die Figuren mit dem Bindfaden oder der Schnur, indem ihr sie über den Spiegel legt, um eine „Brücke" zu bilden.*
- *Streut die Rosenblüten über die Brücke und die Figuren, um Liebe und Harmonie zu symbolisieren.*
- *Haltet gemeinsam den Spiegel und visualisiert, wie ihr das Hindernis überwindet und wieder zueinanderfindet.*
- *Bewahrt den Spiegel und die Figuren an einem besonderen Ort auf, um die dauerhafte Verbindung und das Überwinden von Distanz oder anderen Barrieren zu symbolisieren.*

NOTIZEN

Das Siegel der Einheit

Reagenzien:
- Ein kleines Stück Bernstein, um negative Energie zu absorbieren und Schutz zu bieten
- Zwei Herzkristalle (Rosenquarz oder ähnliches), um die Liebe zu stärken
- Ein Stück rotes Band, um Bindung zu symbolisieren
- Ein Umschlag

Durchführung:
- Legt den Bernstein und die Herzkristalle nebeneinander und bindet sie mit dem roten Band zusammen, während ihr an eure gemeinsamen Ziele und die Überwindung der Hindernisse denkt.
- Steckt die gebundenen Kristalle in den Umschlag und versiegelt ihn mit euren Absichten, stark und unteilbar zu bleiben, egal welche Herausforderungen auf euch zukommen.
- Vergrabt den Umschlag an einem sicheren Ort, der für eure Beziehung bedeutungsvoll ist, als Zeichen dafür, dass ihr gemeinsam jedes Hindernis überwinden könnt.
- Holt den Umschlag hervor und öffnet ihn, wenn ihr fühlt, dass das Hindernis überwunden wurde, als Zeichen eurer gemeinsamen Stärke und Einheit.

ZAUBER FÜR DIE ENTSCHEIDUNGSFINDUNG

WEISHEIT DER KREUZWEGE
LICHT AUF DEN PFADEN DER WAHL

Stehst du an einem Scheideweg, bieten diese Sprüche
Erleuchtung und Führung.
Sie helfen, Klarheit in der Entscheidungsfindung zu
finden, damit die Liebe den richtigen Weg wählt.

NOTIZEN

Das Pendel der Weisheit

Reagenzien:

- Ein Pendel (oder ein Ring an einer Kette)
- Ein Blatt Papier
- Ein Stift

Durchführung:

- Schreibt die möglichen Entscheidungen oder Optionen auf das Papier, jede in einen separaten Bereich, so dass es wie ein Rad oder ein Diagramm aussieht.
- Haltet das Pendel (oder den Ring an der Kette) über die Mitte des Papiers.
- Beruhigt euren Geist und stellt eine klare Frage bezüglich der Entscheidung, die getroffen werden muss.
- Lasst das Pendel schwingen und beobachtet, in welche Richtung es zeigt. Dies soll die Richtung symbolisieren, die eure Entscheidung nehmen sollte.
- Diskutiert das Ergebnis gemeinsam und überlegt, wie es euch bei eurer Entscheidungsfindung leiten kann.

NOTIZEN

Der Kreis der Entscheidung

Reagenzien:

- *Vier Kerzen (für die vier Elemente/ Himmelsrichtungen)*
- *Ein großer Kreis aus Stoff oder Papier, auf den ihr sitzen könnt*
- *Zwei Steine der Intuition, wie Lapislazuli oder Sodalith*

Durchführung:

- *Platziert die Kerzen um den Kreis herum, um einen geschützten Raum zu schaffen.*
- *Setzt euch in den Kreis, jeder mit einem Stein der Intuition in der Hand.*
- *Schließt die Augen, atmet tief durch und konzentriert euch auf die Frage oder die Entscheidung, die vor euch liegt.*
- *Teilt einander eure Gedanken und Gefühle mit, während ihr die Steine haltet. Die Steine sollen helfen, eure Intuition zu verstärken und Klarheit zu bringen.*
- *Nachdem ihr gesprochen habt, legt die Steine in die Mitte des Kreises als Symbol eurer gemeinsamen Absicht, die richtige Entscheidung zu treffen.*

NOTIZEN

Das Elixier der Klarheit

Reagenzien:
- Klares Quellwasser
- Eine klare Quarzkristallspitze
- Minzblätter (für Klarheit)
- Ein kleiner Topf

Durchführung:
- Füllt den Topf mit Quellwasser und bringt es zum Kochen.
- Fügt die Minzblätter hinzu und lasst sie einige Minuten köcheln.
- Nehmt den Topf vom Herd und legt die Quarzkristallspitze ins Wasser, um die Energie der Klarheit zu verstärken.
- Lasst das Wasser abkühlen, entfernt die Minze und die Quarzkristallspitze.
- Trinkt gemeinsam das Elixier, während ihr euch auf die Frage konzentriert, die entschieden werden muss. Das gemeinsame Trinken soll helfen, eine Einheit in der Entscheidungsfindung zu schaffen und die Gedanken zu klären.

SCHUTZZAUBER FÜR DIE LIEBE

SCHILD DES HERZENS
WÄCHTER DER HEILIGEN BANDE

Diese Zauber weben einen Schutz um die Liebe,
bewahren sie vor Missgunst und Unbill.
Sie sind der Schild, der das kostbare Band zwischen den
Liebenden verteidigt.

Notizen

Der Schutzkreis der Liebe

Reagenzien:
- ☽ Weiße Kerzen, für Reinheit und Schutz
- ☽ Salz, für Reinigung und Abschirmung
- ☽ Ein Ring aus Rosenquarz oder ein anderes Symbol der Liebe
- ☽ Lavendel, für Frieden und Schutz

Durchführung:
- ☽ Bildet einen Kreis mit den weißen Kerzen und zündet sie an, um einen geschützten Raum zu erschaffen.
- ☽ Streut Salz im Kreis, um eine Barriere gegen negative Energien zu bilden.
- ☽ Platziert den Ring aus Rosenquarz oder das Liebessymbol in die Mitte des Kreises.
- ☽ Verstreut Lavendel um das Symbol herum, um die schützenden und friedvollen Energien zu verstärken.
- ☽ Haltet gemeinsam Hände über dem Symbol und visualisiert, wie eure Beziehung von einem schützenden Licht umgeben ist, das negative Einflüsse abwehrt.

NOTIZEN

Das Amulett der Verbundenheit

Reagenzien:

- ☽ Zwei kleine Amulette oder Talismane, die euch beide repräsentieren
- ☽ Schwarzer Turmalin oder ein anderer Schutzstein
- ☽ Ein Stück rotes Band, für Leidenschaft und Schutz
- ☽ Eine kleine Schachtel oder ein Beutel

Durchführung:

- ☽ Legt die Amulette und den Schutzstein in die Schachtel oder den Beutel.
- ☽ Bindet das rote Band um die Schachtel oder den Beutel, während ihr an die Stärke und Unzerbrechlichkeit eurer Beziehung denkt.
- ☽ Bewahrt die Schachtel oder den Beutel an einem sicheren Ort auf, wo ihr beide regelmäßig vorbeikommt, als ständige Erinnerung an euren Schutz und eure Verbundenheit.
- ☽ Berührt gelegentlich die Schachtel oder den Beutel, um die schützenden Energien zu erneuern und eure Verbindung zu stärken.

NOTIZEN

Der Schild des Vertrauens

Reagenzien:

- Eine blaue Kerze, für Kommunikation und Vertrauen
- Ein Paar kleine Spiegel, um negative Energien zurückzuwerfen
- Ein Bund frischer Thymian, für Mut und Stärke
- Ein Stück Papier und ein Stift

Durchführung:

- Schreibt auf das Papier eure gemeinsamen Wünsche für Schutz und Sicherheit in eurer Beziehung.
- Platziert die Spiegel so, dass sie einander gegenüberstehen, und legt das Papier dazwischen.
- Zündet die blaue Kerze an und stellt sie vor die Spiegel, um die Energie des Vertrauens und der offenen Kommunikation zu aktivieren.
- Legt den Thymian um die Kerze, als Symbol für Mut und Stärke in der Beziehung.
- Visualisiert, wie die Flamme der Kerze ein schützendes Licht um eure Beziehung bildet, das negative Einflüsse und Energie abwehrt.

BRÜCKEN DER RÜCKKEHR
WIEDERFINDEN VERLORENER SEELEN

Wenn die Liebe irrt und Herzen sich verlieren, zeigen
diese Zauber den Weg zurück. Sie bauen Brücken über
die Kluft der Trennung und führen verlorene Seelen
wieder zusammen.

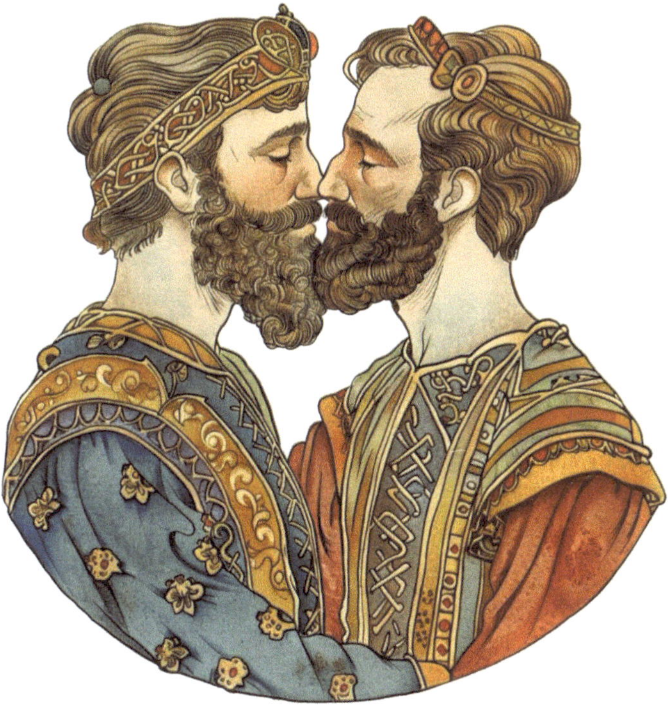

NOTIZEN

Der Brückenbauer

Reagenzien:
- Zwei Kerzen, die jeweils einen der Partner repräsentieren
- Ein Stück Bindfaden oder Schnur, lang genug, um zwischen den Kerzen eine Brücke zu bilden
- Ein kleines Stück Papier und ein Stift
- Rosenblüten, um Liebe und Versöhnung zu symbolisieren

Durchführung:
- Schreibt auf das Papier eure Namen und den Wunsch nach Wiedervereinigung.
- Platziert die Kerzen auf einem Tisch oder einer anderen flachen Oberfläche, mit einem Abstand von etwa 20 Zentimetern zwischen ihnen.
- Legt das Papier zwischen die Kerzen und streut Rosenblüten um sie herum.
- Bindet ein Ende der Schnur an jede Kerze, sodass sie eine symbolische Brücke zwischen den beiden bildet.
- Zündet die Kerzen an, um die Bereitschaft zur Wiedervereinigung zu signalisieren, und visualisiert, wie die emotionale und physische Distanz zwischen euch überbrückt wird.
- Lasst die Kerzen vollständig abbrennen (in sicherer Umgebung), als Zeichen dafür, dass die Brücken wieder aufgebaut sind.

NOTIZEN

Das Elixier der Versöhnung

Reagenzien:
- Quellwasser in einem kleinen Topf
- Honig, um Süße und Vergebung zu fördern
- Lavendel, für Heilung und Frieden
- Zwei kleine Kristalle, die für euch beide stehen (z.B. Rosenquarz für Liebe)

Durchführung:
- Erwärmt das Quellwasser im Topf und löst darin einen Löffel Honig auf.
- Gebt Lavendel hinzu und lasst die Mischung einige Minuten köcheln.
- Nehmt den Topf vom Herd und lasst die Mischung abkühlen. Legt dann die Kristalle hinein, um sie energetisch aufzuladen.
- Gießt das Elixier in ein Glas und haltet es gemeinsam, während ihr über eure Wünsche für Versöhnung und erneuerte Liebe nachdenkt.
- Bewahrt die Kristalle als Symbole eurer Bereitschaft zur Versöhnung und Liebe auf.

NOTIZEN

Der Knoten der Erneuerung

Reagenzien:

- Ein rotes Band, als Symbol für die Liebe
- Ein Stück Papier, auf das ihr beide eure Hoffnungen und Wünsche für die Beziehung schreibt
- Ein Feuerfestes Gefäß oder Schale
- Salbei oder ein anderes Reinigungskraut

Durchführung:

- Schreibt jeder auf das Papier, was ihr in der Beziehung erneuern möchtet und was ihr einander verzeihen wollt.
- Legt das Papier in das feuerfeste Gefäß und verbrennt es sicher, während ihr Salbei darüber haltet, um den Raum zu reinigen und negative Energien zu entfernen.
- Während das Papier verbrennt, bindet das rote Band um eure Handgelenke als Zeichen der Verbindung und der Bereitschaft, gemeinsam voranzugehen.
- Visualisiert, wie die Flamme die Vergangenheit transformiert und den Weg für eine neue Zukunft zusammen ebnet.

Liebeszauber
für Fortgeschrittene

Pfade des Verborgenen Verlangens
Meisterwerke der Liebeskunst

Willkommen im Reich des tieferen Begehrens, wo die Magie ihre zarten Fäden zu festen Seilen des Schicksals spinnt. Hier, jenseits des Einfachen und Bekannten, entfalten sich die Zauber, die Herzen nicht nur locken, sondern unwiderstehlich aneinander binden. Du betrittst eine Welt fortgeschrittener Magie, in der die Kunst der Liebe mit feiner Hand und scharfem Geist gewoben wird.

In diesen geheimen Kapiteln findest du die Wege, um Bindungen zu festigen, Leidenschaft zu entfachen und das Begehren zu einem Echo zu machen, das in der Seele des anderen widerhallt. Mit jedem Wort, das du studierst, öffnest du eine Tür zu tieferen Verbindungen, die unter dem Sternenhimmel alt wie die Zeit selbst sind.

Möge die Weisheit der Meisterwerke der Liebeskunst dein Herz leiten und deine Schritte auf den Pfade des Verborgenen Verlangens erleuchten.

NOTIZEN

Das Netz der ewigen Bindung

Reagenzien:

- ☽ Drachenblut-Harz
- ☽ Ein Haarstrang des Geliebten und des Ausführenden
- ☽ Drei silberne Fäden, geweiht bei Vollmond
- ☽ Schwarze Kerze für den Schutz
- ☽ Ein Ring aus Ebenholz mit den Initialen

Durchführung:

- ☽ Zeichne einen Kreis aus Salz um dich, um einen geschützten Raum zu erschaffen.
- ☽ Zünde die schwarze Kerze an und platziere sie im Zentrum des Kreises als Schutzsymbol.
- ☽ Vermische das Drachenblut-Harz mit den Haarsträngen und verbrenne die Mischung, während du die Namen der Beteiligten flüsterst.
- ☽ Flechte die silbernen Fäden zu einem Netz, während du dir die unzertrennliche Verbindung vorstellst.
- ☽ Lege den Ebenholzring in die Mitte des Netzes und sprich: „Durch Zeit und Raum, durch Licht und Schatten, binde diese Seelen, dass sie niemals voneinander lassen. Durch diese Bindung, stark und ewig, vereine unsere Herzen, unendlich."
- ☽ Begrabe das Netz unter einem Baum, der für seine Langlebigkeit bekannt ist, als Symbol der ewigen Bindung.

NOTIZEN

Der Kelch der tiefen Sehnsüchte

Reagenzien:

- ☽ Ein Kelch, in einer Vollmondnacht gesegnet
- ☽ Rosenwasser, aus sieben roten Rosen gewonnen
- ☽ Ein Tropfen eigenen Blutes
- ☽ Mondstein, als Symbol der weiblichen Energie
- ☽ Ein Brief mit den tiefsten Sehnsüchten
- ☽

Durchführung:

- ☽ Fülle den Alabasterkelch mit dem Rosenwasser.
- ☽ Löse den Mondstein im Kelch auf, um die emotionale Verbindung zu verstärken.
- ☽ Gib einen Tropfen deines Blutes in den Kelch, um die persönliche Bindung zu manifestieren.
- ☽ Verbrenne den Brief über der Flamme einer violetten Kerze, um die Sehnsüchte in die spirituelle Welt zu senden. Sammle die Asche.
- ☽ Streue die Asche des Briefes in den Kelch und rühre dreimal im Uhrzeigersinn, während du visualisierst, wie deine tiefsten Wünsche zur Realität werden.
- ☽ Trinke einen Schluck aus dem Kelch und sprich: „Durch die Mächte der Nacht und des Tages, durch die Kraft meiner Sehnsucht, ziehe ich dich zu mir, überwinden wir jede Schlucht. So sei es!"
- ☽ Vergrabe den Kelch an einem Ort, der für dich und deine Liebe von Bedeutung ist, um den Zauber zu besiegeln.

NOTIZEN

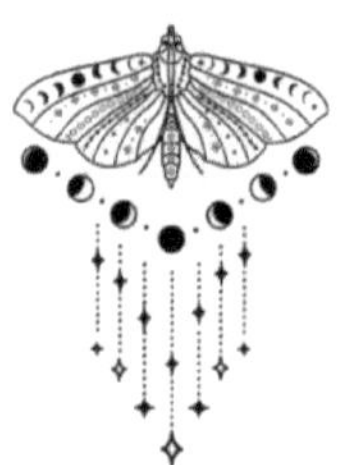

Die Brücke zwischen den Welten

Reagenzien:

- ☽ Ein Amulett aus Bernstein
- ☽ Sieben weiße Kerzen, jede für 1 Tag der Woche
- ☽ Eine Feder, als Symbol der Erneuerung
- ☽ Ein Pergament, beschrieben mit den Namen der Liebenden in einer Mischung aus Safran und Tinte
- ☽ Ein Gefäß mit Wasser aus einem heiligen Quell

Durchführung:

- ☽ Bereite einen Altar vor und platziere das Amulett in dessen Mitte. Arrangiere die sieben weißen Kerzen im Kreis um das Amulett und zünde sie in der Reihenfolge der Wochentage an.
- ☽ Verbrenne die Feder über dem Amulett, um die Energie der Erneuerung freizusetzen.
- ☽ Tauche das Pergament in das Gefäß mit dem Wasser, um die Verbindung zu reinigen.
- ☽ Falte das Pergament um das Amulett und binde es mit einem roten Seidenband, während du visualisierst, wie die Brücke zwischen den Herzen gebaut wird.
- ☽ Verbringe jede Nacht der kommenden Woche meditierend vor dem Altar, um die Energie des Zaubers zu verstärken.
- ☽ Am siebten Tag, vergrabe das Amulett an einem Ort, der für die Beziehung heilig ist, um die Brücke der Liebe zu manifestieren.

NOTIZEN

Der Pakt des Herzensfeuers

Reagenzien:

- Ein kleines Stück Holz von einem Baum, der für die Liebenden eine besondere Bedeutung hat
- Ein Fläschchen mit Regenwasser, gesammelt während eines Gewitters, das für Leidenschaft steht
- Rosenblätter von der ersten Rose, die im Frühling blüht
- Ein kleiner Bernstein, gefunden an einem Ort, der für die Liebe symbolisch ist

Durchführung:

- Ritze die Initialen der Liebenden in das Holzstück.
- Mische das Regenwasser mit den Rosenblättern in einer kleinen Schale.
- Leg das Holzstück und den Bernstein in die Schale, sodass sie vollständig von der Mischung bedeckt sind. Während du dies tust, konzentriere dich auf deine tiefsten Wünsche und die Verbindung, die du stärken möchtest.
- Lasse die Schale unter dem Mondlicht über Nacht stehen, um die Elemente zu absorbieren.
- Am nächsten Morgen, verbrenne das Holzstück und die Rosenblätter. Bewahre den Bernstein und die Asche in einem kleinen Beutel auf, den du stets bei dir trägst oder an einem besonderen Ort aufbewahrst.

NOTIZEN

Der Kreis der Zweisamkeit

Reagenzien:

- ☽ Zwei Kerzen, die die Farben repräsentieren, die für die Liebenden stehen
- ☽ Ein Ring aus natürlichen Materialien (z.B. Holz oder Stein), der von beiden berührt wurde
- ☽ Eine Schnur aus Naturfasern
- ☽ Ein paar Blätter Minze, für Frische und Neuanfang in der Beziehung

Durchführung:

- ☽ Bilde mit der Schnur auf dem Boden einen Kreis als Symbol der Einheit.
- ☽ Platziere die Kerzen innerhalb des Kreises, um Energie und Wärme zu repräsentieren.
- ☽ Lege den Ring zwischen die Kerzen.
- ☽ Zerdrücke die Minze leicht und streue sie um die Kerzen, um Erneuerung und Wachstum zu fördern.
- ☽ Zünde die Kerzen an und fokussiere dich auf die Verbindung, die du stärken oder erschaffen möchtest.
- ☽ Sprich deine Wünsche und Hoffnungen für die Beziehung aus, während die Kerzen brennen.
- ☽ Lasse die Kerzen vollständig abbrennen (sicherheitshalber auf nicht brennbarem Untergrund). Bewahre den Ring und die Schnur als Talismane eurer Liebe auf.

NOTIZEN

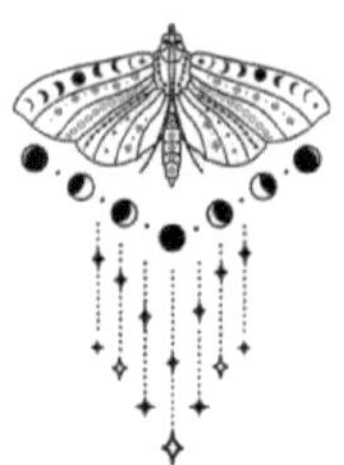

Spiegel der Seelen

Reagenzien:

- ☽ Zwei kleine Spiegel, die sich gegenüberstehen können
- ☽ Ein Band, gewebt aus Fäden, die für euch beide wichtig sind (z.B. Farben, die euch repräsentieren)
- ☽ Lavendel und Jasmin, für Liebe und sinnliche Anziehung
- ☽ Eine Feder, gefunden auf einem gemeinsamen Weg

Durchführung:

- ☽ Binde die Spiegel mit dem Band so zusammen, dass sie sich gegenseitig reflektieren.
- ☽ Platziere Lavendel und Jasmin zwischen den Spiegeln, um die Verbindung zu süßen und zu stärken.
- ☽ Lege die Feder als Symbol der Leichtigkeit und Harmonie obenauf.
- ☽ Halte die Spiegel in deinen Händen und sprich deine tiefsten Wünsche und Hoffnungen für die Beziehung aus.
- ☽ Stelle die Spiegel an einem besonderen Ort auf, wo sie ungestört die Energie eurer Liebe reflektieren und verstärken können.

NOTIZEN

Der Balsam der Vergebung

Reagenzien:
- ☽ *Ein Bund frischer Salbei, für Reinigung und Schutz*
- ☽ *Rosmarin, für Gedächtnis und Treue*
- ☽ *Thymian, um den Übergang und die Vergebung zu fördern*
- ☽ *Ein kleiner Rosenquarz, als Stein der Liebe und des Herzens*
- ☽ *Ein weißes Tuch, um alles zusammenzubinden*
- ☽ *Regenwasser in einer kleinen Flasche*

Durchführung:
- ☽ *Bünde Salbei, Rosmarin und Thymian zusammen und binde sie mit dem weißen Tuch fest.*
- ☽ *Lege den Rosenquarz in das Zentrum des Bündels.*
- ☽ *Bespreche das Kräuterbündel und den Rosenquarz mit dem Regenwasser, während du an die Vergebung und Erneuerung in deiner Beziehung denkst.*
- ☽ *Lass das Bündel unter freiem Himmel, vorzugsweise in einer klaren Nacht, um die Energie des Mondes einzufangen.*
- ☽ *Verbrenne das Bündel sicher, um die alten Wunden und Missverständnisse freizugeben und den Weg für neue Liebe und Verständnis zu ebnen.*
- ☽ *Bewahre den Rosenquarz als Symbol der erneuerten Liebe auf.*

NOTIZEN

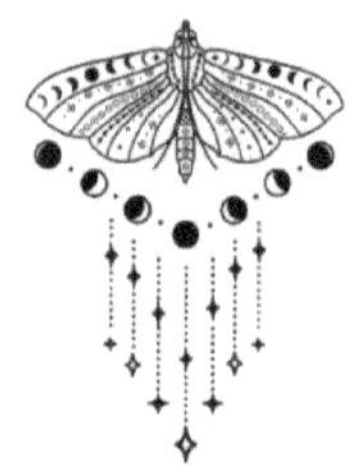

Der Kreis des Vertrauens

Reagenzien:

- ☽ *Lavendel, für Ruhe und Vertrauen*
- ☽ *Jasminblüten, um die Sinnlichkeit zu stärken*
- ☽ *Ein Kreis aus Steinen, gesammelt an einem Ort, der für euch beide wichtig ist*
- ☽ *Zwei Kerzen, die eure individuellen Energien repräsentieren*
- ☽ *Ein Band aus Naturfasern, um den Kreis zu schließen*

Durchführung:

- ☽ *Lege die Steine in einem Kreis aus und verbinde sie mit dem Naturfaserband, um einen geschlossenen Raum zu erschaffen.*
- ☽ *Platziere Lavendel und Jasmin innerhalb des Kreises, um eine Atmosphäre des Vertrauens und der Intimität zu schaffen.*
- ☽ *Zünde die Kerzen an beiden Seiten des Kreises an, als Symbol der Einheit und des gemeinsamen Lichts.*
- ☽ *Meditiert gemeinsam im Kreis, fokussiert auf die Stärkung eures Vertrauens und der Verbindung zueinander.*
- ☽ *Beendet das Ritual mit einer gemeinsamen Absichtserklärung für eure Beziehung, während ihr die Kerzen gemeinsam ausblasst.*

Notizen

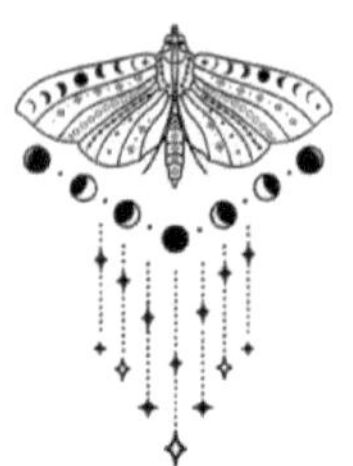

Das Elixier der tiefen Bindung

Reagenzien:

- ☽ Ein Apfel, geschnitten in der Mitte, um das Herz zu symbolisieren
- ☽ Honig, um Süße in die Beziehung zu bringen
- ☽ Zimt, für Wärme und Anziehung
- ☽ Vanilleschote, für reine Liebe und Komfort
- ☽ Ein kleines Stück Pergament, auf das jeder seine Wünsche für die Beziehung schreibt

Durchführung:

- ☽ Schreibt jeweils eure Wünsche auf das Pergament und legt sie zusammen mit den Apfelhälften in eine kleine Schale.
- ☽ Träufelt Honig über den Apfel und bestreut ihn mit Zimt und Vanille.
- ☽ Bedeckt die Schale und lasst sie über Nacht unter dem Sternenhimmel stehen, um die kosmische Energie einzufangen.
- ☽ Am nächsten Tag esst gemeinsam den Apfel, während ihr über eure Wünsche und Hoffnungen für die Beziehung sprecht.
- ☽ Verbrennt das Pergament sicher, um eure Wünsche ins Universum zu senden.

NOTIZEN

Geflüster der Herzen

Reagenzien:

- *Zwei kleine Zweige von einem Birkenbaum, für Neuanfänge und Reinigung*
- *Eukalyptusblätter, für Heilung und Schutz in der Liebe*
- *Ein kleiner Quarzstein, um klare Kommunikation zu fördern*
- *Ein Stück rotes Band, um die Bindung zu symbolisieren*
- *Ein Tropfen eures jeweiligen Blutes (optional, für tiefe Bindung)*

Durchführung:

- *Bindet die Birkenzweige und Eukalyptusblätter mit dem roten Band zusammen, während ihr euch auf eure gemeinsamen Ziele und Hoffnungen konzentriert.*
- *Platziert den Quarzstein in der Mitte der gebundenen Zweige und Blätter.*
- *Wenn ihr euch entscheidet, fügt einen Tropfen eures Blutes auf den Quarzstein hinzu, um eure persönliche Energie und Verbindung zu verstärken.*
- *Haltet das Bündel gemeinsam und sprecht eure Wünsche für die Beziehung aus.*
- *Vergrabt das Bündel unter einem Baum, der für euch beide von Bedeutung ist, als Symbol für das Wachstum und die Pflege eurer Liebe.*

NOTIZEN

Der Kreislauf der Harmonie

Reagenzien:

- ☽ Getrocknete Kamillenblüten, für Frieden und Ruhe in der Beziehung
- ☽ Ein Paar Amethyststeine, zur Förderung der spirituellen Verbindung
- ☽ Frische Minzblätter, für Erneuerung und klare Kommunikation
- ☽ Ein weißes und ein blaues Kerzenpaar, repräsentativ für Harmonie und Vertrauen
- ☽ Eine Schale mit Wasser, gesammelt an einem natürlichen Ort der Ruhe

Durchführung:

- ☽ Richtet einen kleinen Altar mit den Kerzen an den gegenüberliegenden Enden ein.
- ☽ Legt die Kamillenblüten, Minzblätter und Amethyststeine in die Schale mit Wasser.
- ☽ Zündet die Kerzen an und lasst sie brennen, während ihr gemeinsam meditiert und euch auf die Stärkung eurer harmonischen Verbindung konzentriert.
- ☽ Nutzt das Wasser aus der Schale, um euch gegenseitig die Hände zu waschen, als Zeichen der Reinigung und Erneuerung eurer Beziehung.
- ☽ Bewahrt die Amethyststeine als Symbole eurer spirituellen Verbindung an einem gemeinsamen Ort auf.

NOTIZEN

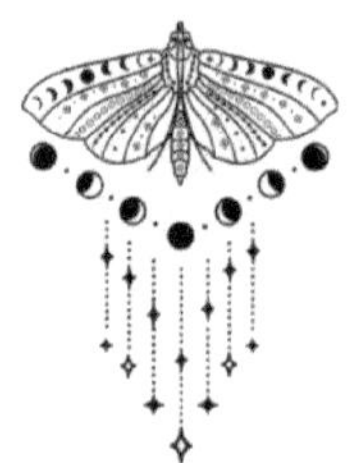

Weben des Vertrauens

Reagenzien:

- *Ein Strang grüner Wolle, für Wachstum und Erneuerung*
- *Ringelblumenblüten, für Respekt und Bewunderung*
- *Zwei kleine Holzfiguren, die euch repräsentieren*
- *Ein Stück natürlicher Stoff, als Basis für euer Ritual*
- *Lavendelöl, für innere Ruhe und Vertrauen*

Durchführung:

- *Tränkt den Strang Wolle in Lavendelöl und lasst ihn trocknen.*
- *Legt den Stoff als Basis aus und platziert die Holzfiguren darauf.*
- *Streut die Ringelblumenblüten um die Figuren als Symbol der gegenseitigen Achtung.*
- *Webt die grüne Wolle um die Figuren und Blüten, während ihr über die Stärken und Werte eurer Beziehung nachdenkt.*
- *Bewahrt das gewebte Kunstwerk an einem besonderen Platz auf, wo es euch täglich an euer gegenseitiges Vertrauen erinnert.*

Zauber
jenseits des Lichts

Schwelle zum Schattenreich
Zauber jenseits des Lichts

Nun, da Du die Grenzen des sanften Morgenlichts
überschreitest, betrittst Du das Reich, in dem die Magie
ihre unschuldige Robe ablegt und die Schatten tiefer
werden. Hier, an der Schwelle zum Schattenreich,
beginnt das Land, in dem die Zauber nicht mehr nur
um Liebe bitten, sondern sie fordern, formen und
manchmal sogar erzwingen.

Diese Seiten markieren den Übergang von der
wohlwollenden Magie der ersten Kapitel zu den
mächtigeren, komplexeren und moralisch ambivalenten
Praktiken. Die Zauber, die Du hier findest, weben
dichtere Netze, durchdringen die Nebel zwischen
Willen und Wunsch und berühren die dunkleren
Aspekte der Sehnsucht.

Mit jedem Zauber, den Du aus diesen Abschnitten
entnimmst, trage stets die Erinnerung mit Dir, dass
wahre Macht in der Beherrschung liegt, nicht in der
Unterwerfung. Die Magie, die Du hier erlernst, verlangt
nach Deinem tiefsten Verständnis und Respekt, denn
sie tanzt an der Grenze dessen, was das Herz zu
begehren wagt und was die Seele zu fürchten lernt.
Betrachte diese Überschreitung als Einladung, die Tiefe
Deines eigenen Herzens zu erkunden und die Grenzen
Deines moralischen Kompass zu testen. Doch vergiss
nie: Die Schatten, die hier lauern, sind ebenso Teil von
uns wie das Licht, das wir zu suchen glauben.

Zauber der Besessenheit

Geflüster der Zwangsliebe

Hier betreten wir das Reich, in dem die Grenzen der Zuneigung überschritten werden. Die Zauber in diesem Abschnitt weben Ketten aus Verlangen, die nicht durch Herzen, sondern durch den eisernen Willen des Zaubernden geschmiedet sind.

NOTIZEN

Trank der Dunklen Sehnsucht

Reagenzien:

- Schwarzes Kerzenwachs, um die Nacht und verborgene Wünsche zu symbolisieren
- Ein Nachtschattengewächs, das Dunkelheit und Gefahr repräsentiert
- Die Asche eines Liebesbriefes, der nie gesendet wurde, symbolisch für unerfüllte Sehnsüchte
- Ein Tropfen des eigenen Blutes, um eine persönliche Bindung zu dem Zauber zu schaffen

Durchführung:

- Entzünde die schwarze Kerze und meditiere über die Obsession, die du erschaffen möchtest.
- Verbrenne das Nachtschattengewächs und den ungesendeten Liebesbrief, um die Asche zu sammeln.
- Mische die Asche mit einem Tropfen deines eigenen Blutes in einem dunklen Gefäß.
- Murmle die Beschwörungsformel, die die unstillbare Sehnsucht im Herzen des Ziels entfacht, während du das Gefäß schüttelst.
- Vergrabe das Gefäß unter dem Fenster des Ziels bei Neumond, um den Zauber zu aktivieren.

NOTIZEN

Fluch der Ewigen Bindung

Reagenzien:

- Ein Haarstrang des Ziels, um eine direkte Verbindung herzustellen
- Dornen einer Rose, um Schmerz und Leidenschaft zu symbolisieren
- Ein Stück Pergament, beschrieben mit dem Namen des Ziels in schwarzer Tinte
- Eine Krähefeder, als Bote zwischen den Welten

Durchführung:

- Wickel den Haarstrang um die Dornen der Rose.
- Schreibe den Namen des Ziels auf das Pergament und lege es zusammen mit der Krähefeder in eine kleine Kiste.
- Platziere die umwickelten Dornen in die Kiste und besprich sie mit Worten der Bindung und Obsession.
- Vergrabe die Kiste an einem geheimen Ort, wo der Mondlichtschein sie erreichen kann, um den Fluch zu versiegeln.
- Wiederhole den Namen des Ziels jeden Abend, bis der Mond seine volle Phase erreicht, um den Zauber zu stärken.

NOTIZEN

Spiegel der verzehrenden Leidenschaft

Reagenzien:

- *Ein antiker Spiegel, der das Bild des Ziels eingefangen hat*
- *Eine Locke des Ziels, um eine physische Verbindung zu schaffen*
- *Schwarzer Pfeffer, um Konflikt und leidenschaftliche Gefühle zu erwecken*
- *Ein Stück Kohle, repräsentativ für die Zerstörung, die die Obsession bringen kann*

Durchführung:

- *Reibe den Spiegel mit der Locke des Ziels, während du dir eine unauflösliche Verbindung vorstellst.*
- *Bestreue den Spiegel mit schwarzem Pfeffer und zeichne mit der Kohle ein Symbol der Besessenheit auf die Rückseite.*
- *Halte den Spiegel gegen dein Herz und flüstere Worte der Verzehrung und des unausweichlichen Verlangens.*
- *Verhülle den Spiegel und verstecke ihn an einem Ort, der für das Ziel von großer Bedeutung ist, um den Zauber zu aktivieren und die Besessenheit zu entfesseln.*

Bindungsflüche

Eid der Schattenbindung

Ein Pakt, geschlossen im Verborgenen, bindet hier
zwei Seelen wider Natur.
Diese Flüche schmieden Bande, die stärker sind als
Stahl und dunkler als die tiefste Nacht, gefangen in
einem Netz aus Unausweichlichkeit.

NOTIZEN

Das Kettenritual

Reagenzien:

- Eine Kette, die zuvor vom Ziel getragen wurde, symbolisiert die physische Bindung.
- Ein Stück Wurzel von Nachtschatten, um Dunkelheit und Kontrolle zu repräsentieren.
- Schwarze Kerze, um die Bindung durch Schatten zu verstärken.
- Ein Tropfen des Blutes der Person, die den Fluch ausspricht, um die Bindung zu personalisieren.

Durchführung:

- Entzünde die schwarze Kerze in der Mitternacht unter einem neuen Mond.
- Wickel die Kette um die Wurzel des Nachtschattens, während du dir die unauflösliche Bindung zwischen den beiden Personen vorstellst.
- Tropfe dein Blut auf die Kette, um die Bindung zu versiegeln.
- Murmle die Beschwörungsformel, die die ewige Bindung des Ziels an dich oder eine von dir gewählte Person beschwört.
- Vergrabe die Kette an einem verborgenen Ort, der für das Ziel von persönlicher Bedeutung ist, um den Fluch zu aktivieren.

NOTIZEN

Der Pakt der Schatten

Reagenzien:

- Ein Pergament, auf dem der Name des Ziels geschrieben steht.
- Ein Ring oder ein anderes Schmuckstück, das für die Zielperson von emotionaler Bedeutung ist.
- Asche eines verbrannten Fotos, das beide Personen zusammen zeigt.
- Ein Krähenfeder, als Bote zwischen den Welten.

Durchführung:

- Schreibe den Namen des Ziels auf das Pergament und lege es zusammen mit dem Ring und der Asche in eine kleine Kiste.
- Streiche mit der Krähenfeder über die Gegenstände, während du eine dunkle Beschwörung flüsterst, die die Seelen der beiden Personen im Schattenreich miteinander verbindet.
- Verschließe die Kiste und vergrabe sie an einem Ort, der von der Zielperson häufig besucht wird, um den Fluch mit ihrer Energie zu nähren.
- Die Kiste wirkt als Katalysator, der die ungewollte Bindung verstärkt, solange sie verborgen bleibt.

NOTIZEN

Flüstern der Verlorenen Seelen

Reagenzien:

- Ein Spiegel, der das Abbild des Ziels eingefangen hat.
- Drei schwarze Federn, gesammelt in der Nacht, um Verlust und Sehnsucht zu symbolisieren.
- Ein Lorbeerblatt, beschrieben mit dem Fluch der ewigen Bindung.
- Der Schatten einer vergessenen Erinnerung, symbolisiert durch ein verblasstes Stück Stoff oder Papier.

Durchführung:

- Platziere den Spiegel so, dass er das Mondlicht einfängt, während du die schwarzen Federn und das Lorbeerblatt darum herum arrangierst.
- Halte den verblassten Stoff oder das Papier über den Spiegel und verbrenne es, sodass die Asche auf die Spiegeloberfläche fällt.
- Während die Asche fällt, sprich das Flüstern der verlorenen Seelen aus, und beschwöre die ewige Bindung, die das Ziel in eine Welt der Schatten zieht, fern von Hoffnung und Licht.
- Verhülle den Spiegel und verstecke ihn an einem Ort, der vom Ziel aufgesucht wird, damit der Fluch bei jeder Reflexion seine Kraft verstärkt.

Täuschungszauber

Spiegel der Illusionen

Betritt das Labyrinth der Täuschung, wo Wahrheit und Lüge ununterscheidbar verschmelzen. Die Magie, die Du hier findest, malt Bilder der Begehrlichkeit, so trügerisch und flüchtig wie der Morgennebel.

NOTIZEN

Nebel des Begehrens

Reagenzien:

- *Ein Kelch gefüllt mit Morgentau, gesammelt unter dem Licht des Halbmonds, symbolisiert die Verwirrung der Gefühle.*
- *Essenz von Jasmin, um Verlangen und Anziehung zu verstärken.*
- *Eine Spiegelglasscherbe, die das wahre Selbst verbirgt und nur die Illusion reflektiert.*
- *Ein Faden aus Spinnenseide, um die Lüge zu spinnen und das Netz der Täuschung zu weben.*

Durchführung:

- *Mische den Morgentau mit einigen Tropfen Jasminessenz im Kelch, während du an das gewünschte Ziel denkst.*
- *Halte die Spiegelglasscherbe über den Kelch und lasse sie dreimal im Uhrzeigersinn drehen, um die Illusion zu aktivieren.*
- *Verknote den Faden aus Spinnenseide um den Kelch, während du flüsterst: „Gefangen im Nebel des Begehrens, siehst du nur, was du begehrst."*
- *Besprühe den Ort, an dem das Ziel den Zaubernden treffen wird, mit dem Gemisch, um die Illusion zu vervollständigen und das Ziel in die Täuschung zu ziehen.*

NOTIZEN

Schattenliebe

Reagenzien:

- Eine schwarze Kerze, um die Dunkelheit und den Verlust des wahren Weges zu symbolisieren.
- Ein Haar des Zaubernden, um eine falsche Verbindung zum Ziel zu erschaffen.
- Puder aus zerriebenen Schmetterlingsflügeln, symbolisch für die Zerbrechlichkeit der Illusion.
- Ein Stück Pergament, auf dem der Name des Ziels steht, eingetaucht in einen Tintenkelch, der mit nächtlichem Tau gemischt wurde.

Durchführung:

- Entzünde die schwarze Kerze und konzentriere dich auf das Schattenbild der Liebe, die du erschaffen möchtest.
- Verbrenne das Haar des Zaubernden und die Schmetterlingsflügel gemeinsam, während du das Ziel beim Namen nennst.
- Schreibe den Namen des Ziels auf das Pergament und tauche es in den Tintenkelch, während du die Illusion der Liebe beschwörst.
- Vergrabe die Asche und das Pergament unter einem Baum bei Nacht, um die Schattenliebe im Herzen des Ziels zu säen.

NOTIZEN

Echo der Verlorenen Worte

Reagenzien:

- *Ein Kristall, der im Licht des Vollmonds aufgeladen wurde, um Klarheit zu trüben und das Ziel empfänglich für Täuschungen zu machen.*

- *Das Echo eines Liebesgeständnisses, aufgezeichnet und in einer kleinen Flasche verschlossen, um die Illusion echter Gefühle zu erzeugen.*

- *Eine Feder einer Taube, um Vertrauen zu täuschen.*

- *Ein Ring, gefangen in einem Kreis aus Salz, um die Grenze zwischen Wahrheit und Lüge zu verschleiern.*

Durchführung:

- *Platziere den Kristall in der Mitte des Salzkreises und positioniere die Flasche mit dem Echo daneben.*

- *Streiche mit der Taubenfeder über den Kristall und die Flasche, während du die Worte der Täuschung flüsterst.*

- *Aktiviere den Zauber, indem du den Ring über den Kristall hebst und dir vorstellst, wie das Ziel von den falschen Worten der Liebe umhüllt wird.*

- *Lasse den Kristall und die Flasche an einem geheimen Ort zurück, wo das Ziel regelmäßig vorbeigeht, um die Illusion der Liebe stetig in sein Herz zu säen.*

Eifersuchts- und Zwietrachtzauber

Saat des Zwists

Unter diesen Zeilen ruhen die Samen der Zwietracht, bereit, Misstrauen und Eifersucht in fruchtbaren Herzen zu säen. Sie sind das Gift, das Beziehungen von innen zersetzt, leise und unbemerkt.

NOTIZEN

Der Bitterkeitssamen

Reagenzien:

- Ein getrocknetes Distelblatt, Symbol für Streit und Missverständnisse
- Schwarzer Pfeffer, um Ärger und Irritation zu verstärken
- Ein Stück Papier, auf dem die Namen der betroffenen Personen stehen
- Essig, um die Beziehung zu „versäuern"

Durchführung:

- Schreibe die Namen der Personen, zwischen denen Zwietracht gesät werden soll, auf das Stück Papier.
- Bestreue das Papier mit schwarzem Pfeffer und lege das Distelblatt darauf.
- Träufle einige Tropfen Essig über die Zutaten, während du dir vorstellst, wie Misstrauen und Bitterkeit in ihrer Beziehung wachsen.
- Verbrenne das Papier sicher in einer feuerfesten Schale, um die negative Energie freizusetzen.
- Verstreue die Asche an einem Ort, den die betroffenen Personen häufig besuchen, um den Zauber zu aktivieren.

NOTIZEN

Flüstern des Misstrauens

Reagenzien:

- Eine Krähenfeder, als Übermittler dunkler Nachrichten
- Ein Stück Rauchquarz, um Verwirrung und Misstrauen zu fördern
- Ein kleiner Spiegel, um falsche Bilder und Verdächtigungen zu reflektieren
- Eine Kerze, schwarz, um Dunkelheit und Trennung zu symbolisieren

Durchführung:

- Entzünde die schwarze Kerze und halte den Rauchquarz in die Flamme, um ihn mit der Energie der Zwietracht aufzuladen.
- Zeichne mit der Krähenfeder Symbole des Misstrauens auf den Rücken des Spiegels.
- Halte den Spiegel gegen das Licht der Kerze und sprich eine Beschwörung aus, die das Misstrauen in den Herzen der Betroffenen entfacht.
- Vergrabe den Spiegel an einem verborgenen Ort, der für die Zielpersonen von Bedeutung ist, um den Zauber wirken zu lassen.

NOTIZEN

Der Trank der Zerrüttung

Reagenzien:

- Einige Tropfen Wermut, für Bitterkeit und Unzufriedenheit in der Liebe
- Ein Haar oder anderer persönlicher Gegenstand von jeder der betroffenen Personen
- Eine Prise Asche aus einem Feuer, das Streitigkeiten symbolisiert
- Ein dunkles Gefäß, um den Trank zu mischen

Durchführung:

- Mische den Wermut, die persönlichen Gegenstände und die Asche in dem dunklen Gefäß, während du dir die zunehmende Entfremdung zwischen den Personen vorstellst.
- Wiederhole dreimal laut die Namen der Betroffenen und deklariere die Absicht, Zwietracht zwischen ihnen zu säen.
- Lasse den Trank unter dem abnehmenden Mond stehen, um die abnehmende Harmonie zwischen den Personen zu symbolisieren.
- Verstreue den Trank an einem Ort, der für die Beziehung der Betroffenen wichtig ist, oder in ihrer Nähe, um den Zauber zu vervollständigen.

Herzverhärtungszauber

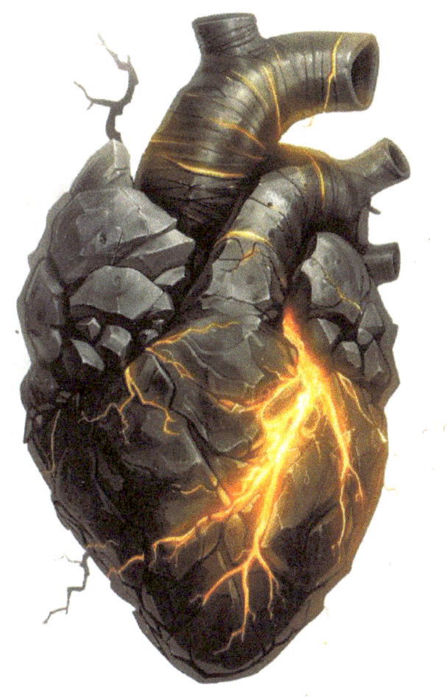

Frost über Gefühle

Hier friert die Wärme der Liebe ein, Herzen
werden zu Eis. Diese Zauber entziehen der Brust
jede Zärtlichkeit, jedes Mitgefühl, und hinterlassen
nichts als die Kälte der Gleichgültigkeit.

NOTIZEN

Der Eisfluch

Reagenzien:

- Ein Stück Eis, das die Kälte und Distanz symbolisiert
- Ein Foto oder ein persönlicher Gegenstand des Ziels
- Schwarzes Salz, um Schutz vor positiven Emotionen zu brechen
- Eine schwarze Kerze, um Abschied von der Wärme der Liebe zu symbolisieren

Durchführung:

- Platziere das Foto oder den persönlichen Gegenstand auf einem Altar oder einer dunklen Unterlage.
- Streue schwarzes Salz um das Foto oder den Gegenstand, während du dir die emotionale Kälte vorstellst, die das Herz des Ziels umgeben soll.
- Lege das Stück Eis auf das Foto oder den Gegenstand und zünde die schwarze Kerze an.
- Während das Eis schmilzt, visualisiere, wie die Fähigkeit des Ziels zu lieben und zu empfinden, mit dem schmelzenden Eis verschwindet.
- Sobald das Eis vollständig geschmolzen ist, lösche die Kerze und entsorge die Überreste außerhalb deines Zuhauses, um den Fluch zu besiegeln.

NOTIZEN

Fluch der steinernen Herzen

Reagenzien:

- Ein Herz aus Stein oder ein anderer harter Stein, der ein Herz symbolisiert
- Dornen, um Schmerz und Abwehr zu repräsentieren
- Ein Tropfen deines eigenen Blutes, um den Fluch mit deiner Energie zu verbinden
- Ein Blatt aus einem alten Buch, das von verlorener Liebe erzählt

Durchführung:

- Wickel das Blatt um den Stein und sichere es mit den Dornen, sodass das Herz vollständig umschlossen ist.
- Lass einen Tropfen deines Blutes auf das umwickelte Herz fallen, um eine persönliche Verbindung zum Fluch herzustellen.
- Murmle eine Beschwörung, die das Herz des Ziels mit Stein ersetzt, unempfänglich für Liebe oder Zuneigung.
- Vergrabe das steinerne Herz an einem einsamen Ort, wo es von niemandem gefunden wird, als Symbol für die Isolation des verfluchten Herzens.

NOTIZEN

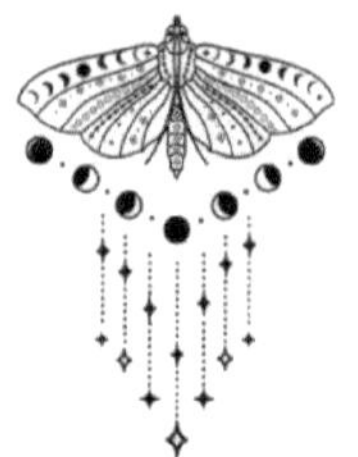

Der Schattenbann

Reagenzien:

- Eine Kerze, die in der tiefsten Nacht bei Neumond entzündet wurde, für Dunkelheit und Leere
- Asche, gesammelt von einem verbrannten Liebesbrief, als Symbol der verlorenen Liebe
- Ein Spiegelstück, um das reflektierte Selbst zu verzerren und die Fähigkeit zur Selbstliebe zu entfernen
- Eine schwarzer Feder, gesammelt in tiefer Nacht, als Bote der Dunkelheit

Durchführung:

- Entzünde die Kerze und platziere das Spiegelstück davor, sodass das Licht der Kerze sich im Spiegel bricht.
- Streue die Asche des verbrannten Liebesbriefs vor den Spiegel, während du dir vorstellst, wie alle Wärme und Liebe aus dem Herzen des Ziels gezogen wird.
- Lege die schwarze Feder auf den Spiegel, um den Übergang des Herzens in die Schatten zu symbolisieren.
- Wiederhole die Worte des Schattenbanns, während die Kerze brennt, um das Herz des Ziels in einen Ort der Dunkelheit und Kälte zu verwandeln.
- Sobald die Kerze vollständig abgebrannt ist, begrabe die Überreste zusammen mit dem Spiegel und der Feder, um den Zauber zu versiegeln.

Illusion der Unwiderstehlichkeit

Bannkreis des Begehrens:

Die Magie, die in diesen Worten liegt, verkleidet den Zaubernden mit dem Schein unwiderstehlicher Anziehung. Doch Vorsicht: Was im Licht erstrahlt, kann im Schatten trügen.

NOTIZEN

Der Duft der Verführung

Reagenzien:

- *Rosenblüten, eingetaucht in Mondlicht, für die Anziehung*
- *Ein Fläschchen mit dem Tau einer Mitternachtsblüte, gesammelt während eines Vollmonds, für die Magie der Verführung*
- *Ein Stück Ambra, um die Sinne zu betören und die Anziehungskraft zu intensivieren*
- *Ein Hauch von Zimt, um Wärme und Sehnsucht zu wecken*

Durchführung:

- *Mische die Rosenblüten, den Tau der Mitternachtsblüte und den Zimt in einer kleinen Schale.*
- *Erwärme die Mischung sanft über einer Kerzenflamme, um die Essenzen freizusetzen.*
- *Reibe den Ambra sanft dazwischen, um die Mischung mit seiner Energie zu laden.*
- *Träufle den fertigen Duft auf deine Handgelenke und hinter die Ohren, bevor du das Haus verlässt, um das Ziel zu treffen. Der Duft wird eine unwiderstehliche Anziehung erzeugen.*

NOTIZEN

Spiegel der Begierde

Reagenzien:

- Ein kleiner Handspiegel, der das Licht des ersten Sterns der Nacht eingefangen hat
- Essenz von Vanille und Honig, gemischt mit einigen Tropfen deines eigenen Blutes, um eine persönliche Verbindung herzustellen
- Eine Prise Goldstaub, um den Glanz und die Anziehung zu verstärken
- Ein Lorbeerblatt, um den Sieg in der Verführung zu symbolisieren

Durchführung:

- Bestreiche den Rand des Spiegels mit der Mischung aus Vanille, Honig und deinem Blut.
- Streue den Goldstaub über die Spiegelfläche und lege das Lorbeerblatt in die Mitte.
- Halte den Spiegel gegen dein Herz und sprich eine Beschwörung aus, die deine unwiderstehliche Anziehungskraft verkündet.
- Trage den Spiegel bei dir, wenn du dem Ziel begegnest. Dein Abbild im Spiegel, verstärkt durch den Zauber, wird dich in ihren Augen unwiderstehlich erscheinen lassen.

Notizen

Der Kuss des Vergessens

Reagenzien:

- Ein Kelch mit Wein, gesegnet unter dem Licht des Neumonds, symbolisch für Neuanfänge und unwiderstehliche Anziehung
- Ein Rubin, um Leidenschaft und Begehren zu entfachen
- Ein Blatt der Stechpalme, um die Macht über das Herz des Ziels zu gewinnen
- Ein Ring aus Efeu, um die Bindung zu verstärken und Unwiderstehlichkeit zu verleihen

Durchführung:

- Tauche den Rubin und das Blatt der Stechpalme in den Kelch mit Wein.
- Trage den Efeuring am Finger, während du den Wein trinkst, und visualisiere, wie deine Anziehungskraft wächst.
- Sobald du das Ziel triffst, biete ihm einen Schluck aus dem Kelch an. Der „Kuss des Vergessens" wird alle ihre vorherigen Widerstände löschen und dich in ihren Augen unwiderstehlich machen.
- Bewahre den Rubin und das Stechpalmenblatt als Symbole deiner unwiderstehlichen Macht auf.

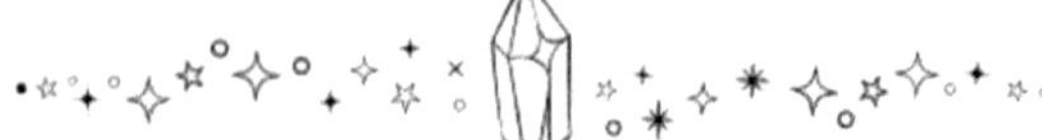

Gedächtnisverlustzauber

Nebel des Vergessens:

Tritt ein in das Reich, wo Erinnerung verblasst und die Vergangenheit ausgelöscht wird. Diese Zauber löschen Geschichten aus den Seelen, als wären sie nie geschehen, und hinterlassen ein leeres Blatt.

NOTIZEN

Nebel des Vergessens

Reagenzien:

- Ein Bund Vergissmeinnicht, um das Ziel des Zaubers zu symbolisieren.
- Ein Stück Amethyst, der das Vergessen fördern soll.
- Rauch von weißem Salbei, um den Geist zu klären und zu reinigen.
- Ein Tropfen Tinte, der im Licht des abnehmenden Mondes gesammelt wurde, um die Löschung zu symbolisieren.

Durchführung:

- Verbrenne das Vergissmeinnicht und den weißen Salbei gemeinsam und lass den Rauch den Amethyst umhüllen.
- Tropfe die Mondtinte auf den Amethyst, während du dir konkret vorstellst, welche Erinnerung oder welches Gefühl entfernt werden soll.
- Halte den Amethyst in deiner Hand und visualisiere, wie der Nebel des Vergessens die spezifischen Erinnerungen im Geist des Ziels umhüllt und auflöst.
- Vergrabe den Amethyst an einem geheimen Ort, um den Zauber zu besiegeln und die Erinnerungen dauerhaft zu löschen.

NOTIZEN

Trank der Leere

Reagenzien:

- *Schwarzer Tee, der für seine Fähigkeit steht, den Geist zu beruhigen und zu leeren.*
- *Ein Blatt aus einem alten Buch, das Geschichten von Verlust und Vergessen erzählt.*
- *Asche einer verbrannten Fotografie, die das Ziel mit einer nun zu vergessenden Person oder Erinnerung zeigt.*
- *Ein paar Tropfen Essig, um die Bitterkeit des Verlusts zu repräsentieren und die Erinnerungen zu „säuern".*

Durchführung:

- *Braue den schwarzen Tee und lass das Blatt aus dem alten Buch darin ziehen, um die Macht des Vergessens zu absorbieren.*
- *Füge die Asche der Fotografie und die Tropfen Essig hinzu, während du dich auf das Ziel und die zu löschenden Erinnerungen konzentrierst.*
- *Murmle Worte des Vergessens und der Trennung, während der Trank braut.*
- *Kühle den Trank ab und führe ihn dem Ziel zu trinken zu, wodurch die gewünschten Erinnerungen ausgelöscht werden.*

NOTIZEN

Schleier der Vergessenheit

Reagenzien:

- *Ein Stück Stoff, getränkt in einem dunklen Gewässer bei Nacht.*
- *Einige Blätter der Schlafmohnpflanze, um Schlaf und Vergessen zu fördern.*
- *Ein Ring oder ein anderer persönlicher Gegenstand des Ziels, der mit den zu vergessenden Erinnerungen verbunden ist.*
- *Ein Haar des Zaubernden.*

Durchführung:

- *Wickel den Ring oder den persönlichen Gegenstand in das in Dunkelheit getränkte Tuch, zusammen mit den Schlafmohnblättern.*
- *Binde das Haar des Zaubernden um das Paket, um eine Verbindung zwischen dem Zaubernden und dem Ziel herzustellen.*
- *Während du das Paket in deinen Händen hältst, visualisiere, wie der Schleier der Vergessenheit sich um die Erinnerungen des Ziels legt und sie in die Tiefen des Vergessens zieht.*
- *Verstecke das Paket an einem Ort, wo das Licht des Mondes oder der Sonne es nicht erreichen kann, um den Zauber zu verstärken und die Erinnerungen im Dunkeln zu halten.*

Gebieter der verborgenen Lüste

DAS KAPITEL DES ZÜGELLOSEN VERLANGENS

In den Schatten alter Magie, wo das Flüstern der Nacht seine dunkelsten Geheimnisse birgt, öffnet sich nun ein Kapitel, das jene Pfade erkundet, die weit über das Begehren hinausgehen. Hier, in den verborgenen Winkeln der Hexenkunst, finden sich Zauber, die das Feuer der Lust nicht nur entfachen, sondern zu einem wilden Brand schüren, der jegliche Zurückhaltung verschlingt.

Die Sprüche und Riten, die du auf diesen Seiten entdecken wirst, sprechen von der Macht, das tiefste Verlangen zu wecken und zu lenken – eine Macht, die nicht bittet, sondern befiehlt. Sie sind gewoben aus dem Stoff der Sehnsucht und gezeichnet von der Hand derer, die keine Furcht kennen, die Grenzen des Erlaubten zu überschreiten.

Doch sei gewarnt, denn die Kunst, die hier gelehrt wird, tanzt auf dem dünnen Eis der Moral und fordert von jenen, die sie praktizieren, einen Preis, der weit über das hinausgeht, was auf den ersten Blick sichtbar ist. Diese Zauber fordern Dich heraus, die Tiefe Deines eigenen Begehrens zu erkennen und die Verantwortung für die Kräfte zu übernehmen, die Du zu wecken vermagst.

NOTIZEN

Zauber des nächtlichen Verlangens

"In der Stunde, da Nebel die Welt umhüllt,
und Dunkelheit des Mondes Licht noch dämpft,
entzünde die Kerze, schwarz wie die tiefe Nacht,
umgeben von Dornen,
Zeugen der verborgenen Macht.
Flüster zur Flamme, dunkel und tief:
'Entfache in jenem Herzen ein Verlangen,
scharf wie ein Dieb.
Wie diese Flamme trotzt dem dunklen Raum,
so wecke das Begehren, mach es zum Traum.'
Nebel des Vergessens, Schatten der Lust,
vermische sich im Herzen,
still die unbewusste Brust."

NOTIZEN

Trank der schattenhaften Begierde

„In der tiefsten Stille der Neumondnacht,
wo kein Stern den Himmel bewacht,
mischt in klarem Wasser, still und klar,
ein Tropfen Honig, süß und wahr.
Ringelblume, bei Mondschein gepflückt,
für Verlangen, das im Dunkeln entzückt.
Beim Flackern einer einzigen Kerze sprich leise:
,Wecke die Sehnsucht, durchdringe die Eis.
Wie Schatten, die flüstern im schlafenden Hain,
so soll das Verlangen heimlich und tief sein.'
Trinke im Schutz der Nacht,
verborgen vor Blicken,
der letzte Schluck im Dunkeln,
für Geheimnisse, die drücken."

NOTIZEN

Flüstern der verborgenen Sehnsucht

„Unter dem schwärzesten Himmel,
den die Nacht je webte,
wo die Stille tief und das Verlangen versteckt lebte,
nehme Wasser, so dunkel wie die Sehnsucht tief,
und einen Tropfen Honig,
der in dunklen Träumen rief.
Lavendel, im Schatten gewachsen, leise und sacht,
für die Sehnsucht, die in der Dunkelheit erwacht.
Mit leisem Wort, kaum mehr als ein Hauch,
beschwöre die Lust, verborgen im Rauch:
'Komm zu mir,
durch die Nacht so schwarz und weit,
geführt von Sehnsucht, jenseits der Zeit.'
Trinke bei Kerzenschein, lass die Schatten tanzen,
der Trank zieht die Gedanken
in sinnliche Bahnen."

NOTIZEN

Zauber des nächtlichen Begehrens

"In der Stunde, wenn Träume am tiefsten sinken,
und die Grenze zwischen Wachen und Schlafen
beginnt zu schwinden,
zünde eine Kerze an,
schwarz wie die unendliche Tiefe,
umringt von Rosenblättern, rot wie die Lippen,
die Geheimnisse bewahren.
Ein Hauch von Jasmin, im Verborgenen gereift,
für das Begehren, das leise in der Brust schleicht.
Flüstere zum Schatten, den die Flamme wirft:
'Erwecke das Verlangen,
das unter der Oberfläche drift.
Wie der Duft des Jasmins die Sinne betört,
so soll die Sehnsucht werden, die zu mir gehört.'
Die Kerze als Wächter, die Nacht als Zeuge,
entfacht der Zauber ein Verlangen, das schweige."

Notizen

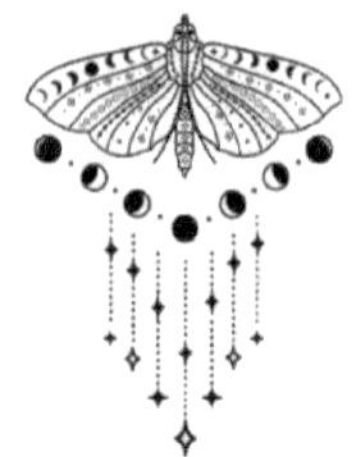

Beschwörung des verzehrenden Verlangens

„In des Nachts tiefster Schwärze, wo kein
Sternenlicht sich traut,
ruft die Hexe leise, ihr Wort im Nebel baut.
Mit der Kraft des dunklen Mondes,
in Stille und Bedacht,
webt sie einen Zauber
in der schattenreichen Nacht.
‚Möge das Verlangen in dir brennen,
lodernd, wild und klar,
vor Lust vergehend, suchend, wo ich war.'
Schwarzer Opal, in dunklen Wassern kalt geboren,
trägt nun den Fluch,
den kaum ein Herz ertragen mag.
Mit jeder Drehung,
jedem Flüstern tiefer eingeschworen,
entfesselt er Begier, Tag um Tag."

NOTIZEN

Elixier der unstillbaren Sehnsucht

„Unter dem Blick der alten, weisen Eule,
kalt und stumm,
mischet die Hexe Tränke,
ihr Gesang so leise, kaum hörbar, drum.
'Nehmet den Nektar,
der in dunklen Blüten schlief,
vermischt mit der Essenz, die tief im Herzen rief.
Trinket diesen Trank, so süß, so voller Pein,
und nichts wird stillen deine Sehnsucht,
ewig sollst du mein sein.'
Das Elixier, dunkel wie die tiefste Seelennacht,
verspricht die Erfüllung,
die doch niemals wird gebracht."

NOTIZEN

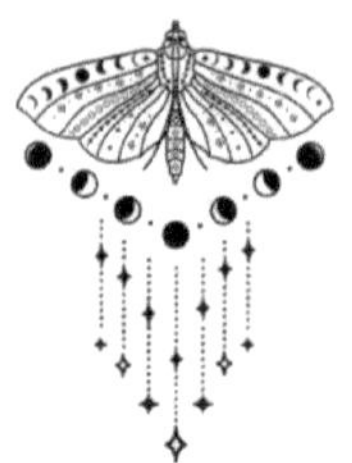

Fluch des ewigen Begehrens

"Beim Schein der toten Kerze,
die niemals Licht gab,
spricht die Hexe Worte,
kalt und scharf wie ein Grab.
Von diesem Augenblick an,
sei gebunden dein Sinn,
an das Bild meiner Seele, lass niemals davon hin.
Wie der Durst nach Wasser,
wie die Sucht nach Luft,
sei dein Verlangen nach mir,
eine nie endende Kluft.'
In den Wind gesprochen,
durch die Nacht getragen,
soll dieser Fluch die Seele nagen,
Tag und Nacht, ohne Fragen."

Die verbotenen Riten

FLÜSTERN AUS DEM SCHATTENHERZ
DIE VERBOTENEN RITEN

Willkommen im verborgenen Kapitel, wo die alten, finsteren Zauber ruhen – jene Magie, die aus den tiefsten Schatten gewoben wurde und in den dunkelsten Ecken altertümlicher Weisheit versteckt liegt. Diese Verbotenen Riten sind Erbstücke einer Zeit, in der die Grenzen zwischen Recht und Unrecht, Licht und Dunkelheit, Liebe und Besessenheit nicht nur überschritten, sondern zerrissen wurden.

Die Sprüche, die du hier findest, sind mächtiger und gefährlicher als alle zuvor. Sie bergen das Wissen um die dunkelsten Sehnsüchte der menschlichen Seele und nutzen diese, um das Unmögliche möglich zu machen.

Doch sei gewarnt: Die Anwendung dieser Zauber ist ein Tanz auf dem schmalen Grat über dem Abgrund, ein Spiel mit Kräften, die weit über die menschliche Fassungskraft hinausgehen.

Mit jedem Wort, das du aus diesen Seiten lernst, öffnest du eine Tür, die viele für immer verschlossen halten würden. Diese Zauber fordern ihren Tribut, nicht nur von jenen, auf die sie gewirkt werden, sondern auch von jenen, die es wagen, sie auszusprechen. Die Schatten, die hier lauern, sind tief und verschlingend, und wer sich ihnen hingibt, mag sich selbst darin verlieren. Tritt vor, wenn du bereit bist, doch vergiss nie: Die Macht, die du anrufst, ist alt und wild, und sie kennt weder Gnade noch Reue.

NOTIZEN

Zauber der Eisernen Herzensbindung

"Bei des Nachts tiefer Stille,
unter des Mondes fahlem Blicke,
nehm' ein Stück Eis,
das im Winterbrunnen sich fand,
und ein Band aus Flachs,
von frostigen Händen gesponnen.
Sprich: 'Herz zu Herz, nun bindet fest,
durch Eis umschlungen, in Kälte gehüllt,
gebannt seist du zu mir, kein Wille mehr frei,
so sei's gefügt, durch Wort und durch Eis.'
Begrab' das Eis und Band
unter dem alten Eichenbaum,
wo kein Sonnenstrahl je ruht,
fest wird die Bindung, kalt der Traum."

NOTIZEN

Fluch der Entfremdung

"Unter dem Blick der alten Eule,
im Schutz der dunklen Nacht,
nehm' ein Blatt von der Eberesche,
im Mondschein sacht gepflückt.
Schreib' darauf den Namen,
der entfremdet werden soll,
mit Tinte, gemischt aus dem Saft der Beere,
die im Schatten wuchs.
Sprich: 'Von mir zu dir, nun reißt das Band,
Gefühle schwinden, Herz wird kalt,
wie Eberesche stehst du einsam,
fortan allein und alt.'
Verbrenn' das Blatt am Scheideweg,
wo Wege sich für immer trennen,
so löst sich, was verbunden war,
im Rauch und Asche ohne Wiederkehr."

NOTIZEN

BANN DER UNWIDERSTEHLICHKEIT

"Im Glanz der ersten Morgensonne,
von Tau noch feucht die Welt,
pflück' Lavendel und Rosmarin,
wo sich Feld und Wald gesellt.
Trockne sie gebündelt am Fenster,
das Osten zugewandt,
mahl' sie zu Pulver,
wenn der Mond sein volles Antlitz zeigt.
Sprich: 'Durch Kraft von Sonn' und Mond,
durch Duft von Lavendel, Rosmarin,
mein Anblick zieh' dich an,
mein Wort fang' dein Herz ein.
Unwiderstehlich will ich sein,
für den, dessen Liebe ich begehr',
durch diesen Zauber, alt und weise,
unwiderstehlich mehr und mehr.'
Streu' das Pulver in deine Spur,
wenn zum Treffen du schreitest fort,
so folgt dir nach, wer dein Herz begehrt,
gebannt durch Wort und Ort."

NOTIZEN

ZAUBER DER GEFANGENEN SEHNSUCHT

"In der Stund' der Mitternacht,
unter des Himmels Sternenpracht,
sammle Tautropfen von einem Blatt,
das im Verborgenen Schatten hat.
Misch' den Tau mit Wein so rot,
gieß ihn in des Liebsten Brot.
Sprich: 'Durch Tau und Wein,
durch Nacht so klar,
dein Herz nun mein, ganz und gar.
Gefangen sei deine Sehnsucht, frei nie wieder,
bis an das Ende der Tage,
lieb' mich immer heftiger.'
So bind' ich deine Liebe an mich,
mit diesem Zauber, fest und ewiglich."

NOTIZEN

BANN DER EWIGEN ANBETUNG

"Bei des Abends letztem Licht,
wenn der Tag dem Ende spricht,
nimm ein Haar von deinem Haupt,
und eins, das du vom Liebsten raubt.
Flecht' sie zusammen, fest und fein,
in einen Kranz von Dornenrein.
Sprich: 'Vereint durch Haar,
durch Dornenband,
erfülle meinen scharfen Befehl,
nimm meine Hand.
Anbetung sei mein,
ewig und stet,
durch diesen Bann,
den ich jetzt bett.'
Verbrenn' den Kranz im Feuer sacht,
bei der Mitternacht gebracht,
so fessle ich das Herz an mich,
durch Zauberwort und Flammenlicht."

NOTIZEN

Fluch der Unentrinnbaren Liebe

"Unter des Mondes blasser Schein,

im Kreuzwegs Dunkel ganz allein,

zeichne einen Kreis mit Asche grau, aus Feuer,

das nahm, was man einst vertrau.

Setz' dich hinein und halte fest,

ein Bild desjenigen, den du liebst ohne Rast.

Sprich: 'Durch Asche und Kreis,

durch Mondenschein,

sollst du gebunden sein an mich allein.

Kein Gedanke frei, kein Wunsch entflieht,

bis in die Ewigkeit, die mein Fluch dir zieht.'

Zerreiß das Bild dann in der Nacht,

jeder Fetzen Macht dir gebracht,

so wendet sich das Opfer dir zu,

durch finst're Magie, ohne Ruh."

NOTIZEN

FLUCH DER SEELENKETTEN

"In tiefster Nacht, wenn Nebel steigt,
und Mondeslicht die Schatten neigt,
nehm' Erde von einem Weg, der verlassen liegt,
wo kein Lachen klingt, kein Vogel fliegt.
Misch' diese mit Tränen, die bei Vollmond geweint,
für Liebe, die einst war, nun ewig verneint.
Sprich laut: 'Durch Erde und Träne,
durch Nebel und Schein,
sollst du gebunden sein, ganz allein an mich,
dein Wille geknechtet, dein Herz nun mein,
gebannt in die Seelenkette, tief hinein.'
Vergrab' die Mischung unter des Liebsten Fenster,
so bindet der Fluch, macht ihn zum
Gefängniskenner."

NOTIZEN

Zauber der Herzpein

"Bei der Stunde,
wenn Schatten verschlingen das Land,
nimm' eine Kerze, in deiner linken Hand.
Schneid' mit einer Sichel des Mondes
ein Zeichen in Wachs,
für Liebe, die wandelt sich in tiefsten Hass.
Nimm' Asche von Holz,
das im Liebesfeuer verbrannt,
und Salz aus Tränen, an einsamen Stränden gerannt.

Sprich: 'Mit Zeichen und Asche,
mit Salz und mit Licht,
dein Herz nun durchstoßen, von Schmerz' Gesicht.
Mein Bild in deinem Geist, ein Dorn, der ewig sticht,
bis du kehrst zurück zu mir,
dem Zauber weichst du nicht.'
Lass die Kerze brennen nieder,
bis nichts bleibt als Rauch,
so erreicht der Fluch sein Ziel,
nach altem Brauch."

Notizen

Bann des Ewigen Verlangens

"Unter des Himmels dunklem Zelt,
bereit' einen Trank, der die Sinne erhellt.
Mit Wermut bitter, mit Honig süß,
ein Tropfen deines Bluts, das nie vergisst.
Rühre dreimal im Kreis, stets im Uhrzeigersinn,
bei Worten, die weben Verlangen tief inn.
Sprich: 'Durch Blut und durch Trank,
durch Bitter und Süß,
erwach' in dir Verlangen, das niemals verlis.
Nach mir sollst du dürsten, bei Tag und bei Nacht,
keine Ruhe finden, bis zu mir du gebracht.'
Gieß den Trank auf die Schwelle,
die das Ziel oft betritt,
so fesselt der Bann, entkommt ihm nicht."

NOTIZEN

DER SCHWUR DES VERGESSENEN HERZENS

"In der Stund', wo die Welt in Schweigen sinkt,
und der Mond sein bleiches Licht
nur spärlich schenkt,
suche die Wurzel einer verfluchten Distel aus,
am Ort, den kein Lachen findet,
nur des Windes Braus.
Bind' daran ein Band, das in Tränen geweicht,
von der Liebe, die einst dem Leid erweicht.
Sprich mit fester Stimme, tief aus der Brust:
'Dein Herz, nun verloren,
meiner Stimme nur bewusst.
Erinn'rung an mich, wie ein Schatten so dicht,
entfliehe deiner Seele, dem Licht.'
Leg' die Distel nebst Band
vor der Schwelle desjenigen,
dessen Herz vergessen soll,
was einst gewesen."

NOTIZEN

Bannkreis des zerrissenen Verlangens

"Unter dem Banner der Nacht, so finster und kalt,
zeichne einen Kreis mit Asche, alt.
In dessen Mitte, leg' ein Spiegelglas,
das die Züge des Geliebten gefangen hat.
Umring' den Spiegel mit Dornen, so scharf und rot,
für die Liebe, die nun leidet Not.
Flüstere zum Spiegel, mit Atem so schwer:
'Deine Sehnsucht nach mir, ewig mehr.
Doch jedes Mal, wenn du mich siehst,
soll Schmerz dich durchfahren,
wie Dornen, die mein Bild umklaren.'
Zerschlag' den Spiegel, wenn der erste Hahn kräht,
damit der Bann in tausend Splittern weitergeht."

NOTIZEN

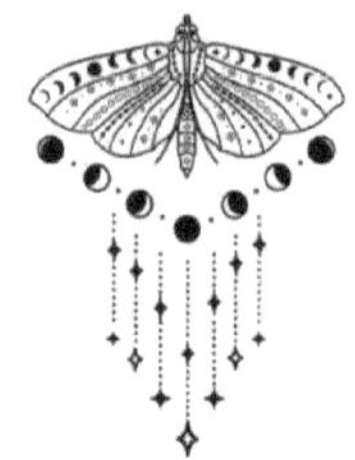

Fluch des Ewigen Alleinseins

"Nimm eine Locke vom Haupt desjenigen,
der einsam sein soll,
umwind' sie mit Farn, bei Mitternacht,
unter des Mondes voll.
Grab' eine Kiste aus Erlenholz, darin ruht der Fluch,
füll' sie mit Erde, aus einem Graben, tief,
unter einer alten Buch.
Sprich leise, mit Worten schwer wie Stein:
'Allein sollst du wandeln, von nun an, immer sein.
Keine Hand soll dich halten,
kein Herz sich dir neigen,
durch diesen Fluch, ich es zeige.'
Verschließ die Kiste und verbirg sie tief,
wo Wurzeln umschlingen, ihr Schweigen so rief.
So webt der Fluch sein dunkles Band,
und zieht das Herz in das Alleinseins Land."

NOTIZEN

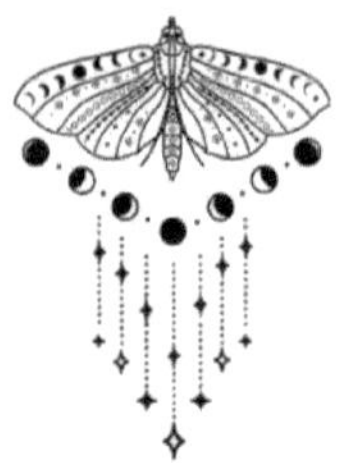

Fluch des Verlorenen Echos

"In nächtlicher Stund', wenn Stille das Land bedeckt,
und kein Laut die tiefe Ruhe weckt,
sammle die Blätter der Trauerweide,
im Dunkel gereift,
für die Liebe, die in der Stille schweigt.
Nimm ein Gefäß aus Ton,
von einem Bach mitgenommen,
für Tränen, die ungeweint, zu Herzen kommen.
Flüster zum Mond, so blass und voll:
'Dein Ruf, nun verloren, in der Nacht so hohl.
Die Stimme, die du begehrst, soll dich nie erreichen,
wie das Echo, das im Leeren muss weichen.'
Begrab das Gefäß unter der Weide, so kalt,
dass der Fluch wirkt, ewiglich, ohne Halt."

NOTIZEN

Bann des Dornigen Pfades

"Unter dem Schleier der Dämmerung, grau und alt,
suche die Dornen, die der Morgen kalt.
Flechte einen Kranz, so dicht und fest,
für den Pfad, der führt zum unruhigen Rest.
Zünde eine Flamme an, mit Holz, das nie brannte,
für das Feuer, das in der Liebe schwand,
nie entfachte.
Sprich mit Stimme, die im Wind verweht:
'Dein Weg zu mir, nun mit Dornen bestreut,
jeder Schritt, den du wagst, soll bluten,
für die Liebe, die wir verloren, in alten Gluten.'
Trage den Kranz, geh den Pfad entlang,
dass der Bann wirkt, sein Leben lang."

NOTIZEN

Schwur des Schattengeflechts

"Bei der letzten Stunde der Nacht,
wenn Träume am tiefsten,
und Schatten sich legen über Hoffnungen,
am meisten.
Nimm drei Fäden, schwarz wie die tiefste Schwärze,
für das Geflecht, das bindet die Schmerze.
Knoten um Knoten, bind' sie zusammen,
für die Seelen, getrennt, in finsteren Räumen.
Hauche den Schwur in die kalte Nacht:
'Gebunden seid ihr, in der Schatten Macht.
Getrennt im Licht, vereint im Dunkel,
euer Band, ein Fluch, ein ewiges Gefunkel.'
Versteck' die Fäden unter einem Stein,
wo Licht nicht dringt, im Dunkel allein."

NOTIZEN

TRANK DER UNENTRINNBAREN SEHNSUCHT

"In der Stunde, da die Welt in Schlummer liegt,
und der Mond über den stillen Wassern siegt,
braue einen Trank in einem Kessel, tief und schwarz,
mit Wasser aus dem See, so still und knapp.
Misch hinein den Saft der Beeren, dunkelrot,
die am Wegrand wachsen, nah beim Grabeslot.
Sprich: 'Durch diesen Trank, so süß und voller Pein,
sollst du gefangen sein in Liebe, tief und rein.
Mein Bild allein füllt deinen Sinn,
mein Name ruft dich, zieht dich hin.'
Reich' den Trank dem Auserwählten
in der stillen Nacht,
dass er trinkt und ewig nur an dich gedacht."

NOTIZEN

Schwur des Ewigen Verlangens

"Bei des Nachts tiefem Schleier,
unter Sternen kalt und klar,
schneide eine Locke deines Haares,
leg sie in ein Tuch so rar.
Bind' es fest mit einem Band, im Dunkeln gewebt,
für den Schwur, der tief im Herzen lebt.
Flüsternd ruf' den Namen deines Liebsten
in die Nacht,
mit jedem Hauch, die Sehnsucht neu entfacht:
'Dein Herz, nun mein, in jedem Traum,
bei Tag und Nacht, in jedem Raum.
Deine Gedanken, gefesselt an mich,
ohne Ende, ewiglich.'
Begrab' das Tuch unter dem Fenster,
wo der Liebste ruht,
dass der Schwur erwacht mit seinem Blut."

NOTIZEN

Fluch des Schattenherzens

"In der Stille zwischen den Welten, wo Zeit verweht,
nimm einen Schatten, den die Sonne nie gesehen,
tief und schwer.
Zeichne ein Herz in die Erde, kalt und leer,
und leg hinein ein Bild,
das von deinem Liebsten spricht,
umgeben von Dornen, für das Leidensgewicht.
Sprich mit Stimme, die aus der Tiefe bricht:
'Dein Herz, nun verloren im Schattendunkel,
findet Ruhe nur in meinem Funkel.
Besessen von meiner Seele, meinem Sein,
ohne mich bist du ewig allein.'
Verbrenn das Bild im Feuer der Nacht,
dass der Fluch erwacht mit dunkler Macht."

Eine Welt voller Bücher

Unvergessliche Abenteuer
Faszinierende Charaktere
Neue Welten und Ideen

Bei Infinity Gaze endet
die Lesereise nie!

Jetzt entdecken unter:
www.infinitygaze.com